首都经济贸易大学出版基金资助

本书是国家社科基金重大项目
“基于区域治理的京津冀协同发展重大理论与实践问题研究”
（17ZDA059）的阶段成果

基于大数据的京津冀企业创新发展能力及扩散效应研究

Research on Innovation Development Ability and Diffusion Effect of Beijing–Tianjin–Hebei Enterprises Based on Big Data

叶堂林
毛若冲
潘　鹏　等◎著

首都经济贸易大学出版社
Capital University of Economics and Business Press
·北 京·

图书在版编目（CIP）数据

基于大数据的京津冀企业创新发展能力及扩散效应研究/叶堂林等著. --北京：首都经济贸易大学出版社，2019. 8

ISBN 978-7-5638-2990-3

Ⅰ. ①基… Ⅱ. ①叶… Ⅲ. ①企业创新—创造能力—研究—华北地区 Ⅳ. ①F279. 272

中国版本图书馆 CIP 数据核字（2019）第 185129 号

基于大数据的京津冀企业创新发展能力及扩散效应研究
叶堂林　毛若冲　潘　鹏　等著

责任编辑　赵　杰
封面设计　砚祥志远·激光照排　TEL：010-65976003
出版发行　首都经济贸易大学出版社
地　　址　北京市朝阳区红庙（邮编 100026）
电　　话　（010）65976483　65065761　65071505（传真）
网　　址　http：//www. sjmcb. com
E-mail　publish@cueb. edu. cn
经　　销　全国新华书店
照　　排　北京砚祥志远激光照排技术有限公司
印　　刷　北京九州迅驰传媒文化有限公司
开　　本　710 毫米×1000 毫米　1/16
字　　数　205 千字
印　　张　12
版　　次　2019 年 8 月第 1 版　2019 年 8 月第 1 次印刷
书　　号　ISBN 978-7-5638-2990-3/F · 1629
定　　价　45. 00 元

课题负责人：

叶堂林，首都经济贸易大学教授、博士生导师，特大城市经济社会发展研究院执行副院长

课题顾问：

文魁，首都经济贸易大学原校长、教授、博士生导师

祝尔娟，首都经济贸易大学教授、博士生导师

课题组成员：

毛若冲，首都经济贸易大学硕士生

潘　鹏，首都经济贸易大学硕士生

何皛彦，首都经济贸易大学博士生

王雪莹，首都经济贸易大学博士生

李国梁，首都经济贸易大学硕士生

原青青，首都经济贸易大学硕士生

张丹丹，首都经济贸易大学硕士生

前　言

创新驱动已成为我国经济转型升级的关键支撑，优化创新扩散机制是提升区域创新能力和水平的必然要求，企业科技创新是保障区域可持续发展的重要源泉，也是引领科技进步的核心力量。城市群创新已经成为实现国家创新能力提升的关键载体，京津冀正处于协同创新的关键时期，提高企业创新能力是北京建设科技创新中心的战略需要，也是落实京津冀协同发展的战略需要。

本书的研究项目时间段为2000—2015年。

一、研究思路

本书从两个维度对京津冀企业创新能力进行测度分析：第一，对京津冀企业综合发展能力进行评估。这个维度的研究是基于全样本的企业大数据，将京津冀45个市、区①（北京16个区+亦庄开发区、天津16个区+自贸区、河北11个地级市）作为研究对象，从指数评价和趋势分析两个角度展开研究，构建包括“企业实力—企业活力—企业创新力”三个层面的指标分析体系。一方面摸清京津冀内部不同区域企业的发展能力，另一方面找到不同地区企业发展的优势及短板，发现影响企业创新能力的环境因素，为提升京津冀企业创新能力找到切入点和着力点。第二，针对京津冀企业创新能力进行系统分析及评价。将企业大数据与统计数据结合，构建基于“创新投入—创新产出—创新环境”三个层面的评价指标体系，一方面从指数评价的角度，对京津冀区域内部企业创新能力进行评价，同时把京津冀与长三角、珠三角等重点城市群作对比，从而更加合理、全面地了解京津冀企业创新能力的现状及水平。另一方面，从行业判断、产业发展的角度，聚焦“企业创新力”指标层面，对京津冀45个市、区的企业创新在不同行业的发展趋势及现状水平进行梳理，同时运用耦合机制原理，对京津冀企业创新能力与产业结构升

① 本书出版时，京津所有县都完成撤县设区，故本书均用最新名称。

级相互作用程度进行分析研究，得出基本结论。

二、基本结论

（一）京津冀企业综合发展能力呈逐年提升态势

从综合发展的角度来看，京津冀企业整体向好趋势明显，在企业实力、活力、创新力等方面，各指标年均增幅均为10%以上，部分指标甚至达30%。企业实力方面：2000—2015年京津冀三地企业存续数量基本保持快速上升态势，增长率保持在10%~20%，天津相较于北京和河北，增长率稍显缓慢；2000—2015年京津冀三地企业注册资本总额基本保持稳定的上升态势，增长率维持在10%~15%。

企业活力方面：2000—2015年京津冀三地企业对外投资金额增长率总体波动较大，北京虽然波动明显但总体占比水平最高，天津居于第二位，河北相对靠后。2000—2015年京津冀三地现代服务企业数量保持稳定的上升态势，各年份增长率的平均值均在20%左右。

企业创新力方面：2008—2015年京津冀三地高新技术企业数量的变化趋势基本一致，均保持上升态势，增长率大体相当。除2009年三地高新技术企业增长率都有较大降幅以外，其余各年份基本保持在20%~30%的增长率，且河北地区平均增长率最高，其次为天津，北京居后。2000—2015年京津冀三地企业新增专利数量年增长率总体波动较大，但大体保持上升趋势。

（二）北京企业综合实力最强，科技创新中心建设具有很好的支撑

从企业综合发展来看，北京企业发展稳健性较强，具有很强的资本配置能力。综合指数排名，前10名中北京有8名，前4强都属于北京，分别是海淀区（第1名）、西城区（第2名）、朝阳区（第3名）、东城区（第4名）、丰台区（第7名）、开发区（第8名）、昌平区（第9名）、通州区（第10名）。企业实力指标，北京优势明显，其存续企业数量占京津冀地区总量的49.84%，占企业注册资本总额的66.43%。从企业活力指标来看，2015年北京企业对外投资金额2.10万亿元，占三地企业对外投资总额的93.36%，较2014年增长了92%；北京现代服务企业数量占京津冀总量的60%左右，2015年北京现代服务业企业数量为1 112 823家，占比为58.34%。从企业创新力指标来看，北京高新技术企业占比优势突出，新增专利数量占比基本维持在65%左右，2015年新增专利数量占比为65.39%，是天津的2~3倍，河北的4~5倍。

从企业创新发展来看，北京企业创新能力突出，创新产出水平较高，企业创新具有良好的环境支撑。创新能力指数排名，北京在京津冀范围内得分为97.280 1，在三大城市群范围内得分为91.458 7，均排在首位。从创新投入指标来看，2015年北京企业R&D人员全时当量为50 773人·年，企业R&D经费内部支出总量为2 440 875万元，R&D经费投入强度方面北京为6.01%，各项创新投入指标都排在前列；从创新产出指标来看，2015年北京企业新增专利数量为101 302件，三项专利数为429 499件，新产品开发项目数总量为10 580项，与天津、上海等地相比具有很强的规模优势；从创新环境来看，2015年北京市财政支出中科技支出总额为287.80亿元，占比5.11%，在东部三大城市群内排首位，其从事科学研究和技术服务业的企业总量为92 262家，同样远高于其他地区。

从行业发展来看，北京科技服务业发展基础最好，创新能力最强，为实现区域创新驱动打下了坚实的基础。在存续企业方面，北京科学研究和技术服务业占比最高，对将北京打造成全国科技创新中心提供了很好的支撑；批发和零售业占比较高，非首都功能疏解任务仍然艰巨；租赁和商业服务业、文化体育和娱乐业两大行业实力雄厚，为北京未来现代服务业发展打下了良好的基础。在企业对外投资方面，电力、热力、燃气及水生产和供应业增长较快，体现了京津冀协同发展基础设施先行；制造业对外投资额增加，说明北京对外疏解力度加大；信息传输软件和信息技术服务业总体上进入成熟期，对外输出速度加快。企业创新方面，北京科学研究与技术服务业优势显著，近年来，在基础设施建设领域创新能力提升较快。

（三）天津各区企业综合能力悬殊较大，研发转发优势明显

从企业综合发展来看，天津滨海新区企业发展整体较好，但天津各区水平差距悬殊。在综合指数排名方面，京津冀企业综合能力前10名中天津只有1名，即滨海新区排第5名，在后10名中天津有7名，分别是蓟州区（倒数第1名）、红桥区（倒数第2名）、宁河区（倒数第3名）、河北区（倒数第5名）、河北区（倒数第6名）、静海区（倒数第9名）、河西区（倒数第10名）。在企业实力方面，天津相对于北京和河北，虽然存续企业数量保持增长，但占比水平有所下降，从2000年的32.03%下降至2015年的14.34%；其企业注册资本总额在京津冀三地中的占比有所上升，从2000年的11.11%上升为2015年的14.72%。在企业活力方面，天津的企业对外投资金额下降

幅度较大，从 2000 年的 13.39%下降为 2015 年的 2.01%。在企业创新力方面，2015 年天津拥有高新技术企业 2 460 家，是 2008 年 394 家的 6.2 倍，地区占比为 14.02%；企业新增专利数量上天津在区域内占比水平略有上升，从 2000 年的 17.38%上升为 2015 年的 22.01%。

从企业创新发展来看，天津企业具备较强的创新能力，创新投入水平领先，但创新产出和创新环境还有一定的提升和改善空间。在创新能力指数排名方面，天津在京津冀范围内得分为 77.016 2，在三大城市群范围内得分为 68.321 1，均排第二名。在创新投入方面，2015 年天津的企业 R&D 人员全时当量为 84 291 人·年，是同年北京企业的 1.66 倍；企业 R&D 经费内部支出总量为 3 526 700 万元，规模方面高于北京；有 R&D 活动的企业数量为 2 084 家，在三大城市群内居首位。在创新产出方面，2015 年，天津企业新增专利数量为 31 989 件，在新增专利规模上，北京优势明显，从平均数量来看，北京企业平均新增专利数为 0.083 9 件，天津为 0.096 4 件，二者水平接近，天津略高；新产品开发项目数总量为 9 800 项，低于北京及上海两市。在创新环境方面，2015 年，天津财政科技支出总额为 120.82 亿元，占比 3.74%；其从事科学研究和技术服务业的企业总量为 28 149 家，与上海水平相当，但与北京相比还有较大差距。

从行业发展来看，天津的制造业和科学技术服务业基础良好，创新能力突出。制造业和一般性服务业（批发和零售业、租赁和商业服务业）是天津市目前的产业基础，尤其是制造业各项指标排名较为靠前，但均呈现出下滑趋势；科学研究和技术服务业总体呈上升态势；金融业、租赁和商业服务业、批发和零售业具有一定的实力和发展潜力。在企业创新能力方面，天津在制造、研发、转化方面优势明显，但天津产业转型升级压力仍然较大；同时，企业对外投资金额下降幅度较大，意味着天津的经济发展还处于集聚阶段，尚未达到对外辐射阶段；企业新增专利数量在区域内占比水平略有上升，说明天津在打造现代制造业研发转化基地方面具有较好的基础，且天津正处在工业化后期阶段，生产性服务业在提升，其正逐步向创新驱动模式转变，产业转型升级将成为天津发展的主旋律。在企业创新能力方面，天津在制造、研发、转化方面优势明显，而北京则主要应发挥创新中心的职能。

（四）河北是提升京津冀企业创新能力的关键，制造业基础扎实

从企业综合发展来看，河北各地级市与京津优势区域相比还有一定差距，

但逐年上升态势明显。在综合指数排名方面，河北位居中游，在前10名中河北占1位，石家庄排第6名，居于中间水平的第16至25名中河北有7名，分别是保定市（第16名）、唐山市（第17名）、邯郸市（第18名）、廊坊市（第21名）、邢台市（第22名）、沧州市（第23名）、秦皇岛市（第25名），后10名中河北占1位，即承德市（倒数第8名）。在企业实力方面，河北存续企业数量占比在京津冀地区基本维持在30%～35%，其中2015年占比为35.82%；其企业注册资本占比在区域内呈下降态势，从2000年的22.45%下降为2015年的14.56%。在企业活力方面，河北企业对外投资额在区域内占比从2000年的2.60%上升到2015年的4.63%，高于天津；河北现代服务企业占比约为25%，高于天津的15%。在企业创新力方面，河北的高新技术企业数量最少，但增速最高，从2008年的152家上升为2015年的1 551家；河北企业新增专利数量呈增长态势，但地区占比水平有所下降。

从企业创新发展来看，石家庄相对较好，但整体与京津地区差距较大，是未来京津冀提升企业整体创新能力、实现创新驱动发展的突破口和关键地区。在创新能力指数排名方面，河北省的各地级市在京津冀范围内得分最高为33.893 2，最低为14.841 9，在三大城市群范围内其整体得分为20.69，均排名最末位，与其他地区得分差距悬殊。在创新投入方面，河北的企业在人员及经费投入上与京津相比差距较大，其中石家庄、保定相对较好，2015年河北R&D人员折合全时当量为79 452人·年，全省11个地级市平均为7 223人·年，不足天津市的十分之一；R&D经费总量为285.81亿元，全省11个地级市平均为25.98亿元，约是北京市的十分之一。在创新产出方面，2015年，河北的企业新增专利总量为19 516件，约是北京的五分之一，天津的五分之三，其中石家庄数量最多，达到4 920件，张家口和承德两地新增专利数量最少，不足1 000件，分别为548件和304件；河北省企业新产品开发项目无论从总量还是平均量来看，均与其他地区差异显著，分别为7 489项、2.11项，从地级市平均来看仅为0.19项。在创新环境投资额方面，河北省财政科技支出总量为45.40亿元，占比水平为0.81%，远不及京津两地，其中石家庄、唐山财政科技支出分别为9.05亿元和6.42亿元，占比水平为1.33%和1.08%，其余9个地级市科技支出占比均不足1%；河北省科学研究和技术服务企业数为19 371家，11个地级市平均为1 761家，排在末位。

从行业发展来看，制造业是河北省的优势行业，其创新能力相对突出，综合实力较强。综合行业发展来看，制造业是目前河北企业发展相对强势的行业，不论是实力、活力，还是创新能力都较为突出；近年来，批发和零售业与农林牧渔业存续企业数量占比较高，尤其是批发和零售业占比较高，而农林牧渔业占比增速较快，农业正逐步向规模化和现代化经营发展；河北科学研究和技术服务业处于弱势，水平不高，离创新驱动发展要求还有较大距离。河北行业优势集中于劳动密集型和资源密集型产业，整体科学研究和技术服务业创新水平不足，处于工业化中后期，具有打造商贸物流基地的基础，具备科技成果落地的条件。

（五）京津冀不同区域的企业创新能力优势及禀赋有所不同

综合京津冀地区企业创新发展现状及水平，不同区域创新优势点有所不同，大致呈现以下情况：一是首都功能核心区（西城区、东城区）科学研究和技术服务业在高新技术企业中占比最高，电力、热力、燃气及水生产和供应业在新增专利数量中占比最大，批发和零售业、租赁和商务服务业、科学研究和技术服务业在地区存续企业中排名靠前。二是首都城市功能拓展区（海淀区、朝阳区和丰台区）也是科学研究和技术服务业在高新技术企业中占比最高，但也有所区别：海淀区科学研究和技术服务业在高新技术企业数量、新增专利数量、存续企业数量三方面均占绝对优势；朝阳区制造业的新增专利数量占比最大；丰台区批发和零售业在地区存续企业中具有绝对优势，制造业的新增专利数量占比具有明显优势。三是城市发展新区（亦庄开发区、昌平区、滨海新区）也是科学研究和技术服务业在高新技术企业中占比最高，但亦庄开发区和滨海新区制造业具有优势，而昌平区的批发和零售业具有优势。四是省会核心城市（石家庄）的批发和零售业、制造业、租赁和商务服务业在高新技术企业方面占比较高但波动明显，制造业、科学研究和技术服务业在新增专利数量方面占比水平靠前，批发和零售业在存续企业数量方面占比最高。

（六）创新仍是京津冀协同发展的关键短板

一是北京对区域发展具有核心辐射带动作用，但仍有上升空间。北京在京津冀地区的核心地位毋庸置疑，其不光承担着区域联系的核心枢纽职责，也在区域合作中扮演着“领头羊”角色。但北京对京津冀地区的辐射带动仍有上升空间，尤其在带动张家口、承德等地，空间巨大。二是石家庄、唐山等地有望成为京津冀地区加强联系的重要节点。三是京津冀三地创新方面差距显著，北京创新基础实力雄厚而河北相对不足。

（七）京津冀与长三角的创新扩散机制与扩散效应方面存在较大差异

一是京津冀与长三角的创新扩散环境与扩散方式各异。京津冀与长三角两城市群的创新投入环境存在空间差异。在创新研发投入环节中，京津冀R&D人员研发当量的空间差异程度低于长三角地区，但在新产品开发经费支出和研发机构数量方面的空间差异高于长三角地区。在吸收及转化投入环节中，京津冀在技术改造经费支出、购买国内技术经费支出这两方面的空间关联度高于长三角，而在消化吸收和引进技术经费支出这两方面的空间关联度差距不显著。京津冀与长三角两城市群的扩散方式各有偏重但各具优势。京津冀各地间从创新研发投入到吸收及转化投入的各类经费投入（资本）对区域整体的创新产出促进效果显著，但人员研发当量（人员）投入的作用效果与长三角差距较大。京津冀创新成果转化为经济效益的能力弱于长三角。

二是京津冀与长三角创新扩散机制中各环节作用成效存在显著差异。京津冀的研发经费投入和研发机构设置对创新产出的促进效果显著；京津冀的人员研发当量投入和新产品开发投入相对不足；京津冀的创新成果推广中介空间布局较为合理。

三是创新扩散能够有效推动城市群内产业升级。高效的创新扩散机制能够有效地促进科技进步和产业升级；京津冀产业链与创新链互动融合需依托其高技术产业的发展；京津冀高技术产业研发吸收及转化投入环节发展相对不足。

三、对策建议

（一）加大非首都功能疏解力度，促进区域内企业协同发展

京津冀协同发展的关键和重中之重，应通过将中心城区的非首都功能尤其是企业向外疏解，实现企业空间布局优化，缩小京津冀区域内企业的发展落差，从而推动京津冀企业的协同发展。具体为：一是强化疏解政策，加大非首都功能疏解力度；二是优化企业在区域内的空间布局；三是强调优势互补，推动区域功能定位的相互衔接。

（二）推动京津冀高水平、高质量、高层次、充分均衡地发展

一是推动京津冀地区充分均衡发展。以“北京南部地区振兴”为抓手促进区域充分均衡发展；高起点、高标准谋划河北非首都功能承载地。二是推

动京津冀高质量协同发展。北京应提升首都功能，建设好“四个中心”，实现高质量发展；河北应推进生产过剩领域“去产能”，高质量承接非首都功能。三是推进京津冀公共服务均等化。优质公共服务资源的疏解是实现北京市“去中心化”和“去功能化”的重要举措，缓解北京在区域内的“单中心”集聚效应，破解北京“看病中心”“上学中心”等“魔咒”，解决北京“大城市病”；对优质公共服务资源的疏解有助于提高河北的公共服务水平，吸引并集聚高端人才，真正实现高端人才“聚得拢”“立得稳”“留得下”，并为其他功能疏解和产业疏解提供基础和可能。

（三）完善京津冀创新扩散机制，促进创新在区域内扩散

一是围绕高技术产业布局创新链，实现创新链与产业链深度融合；二是依靠制度创新推动创新要素自由流动，实现区域内各主体间的利益融合；三是结合创新城市建设提升重点城市的研发转化能力，构建区域创新扩散枢纽。

（四）北京：优化企业空间布局，打造创新策源地

强化功能分区定位，在企业空间布局上应实现“内外有别”；依托优势产业、优势技术和重大战略价值的前沿领域，打造科技创新中心和创新策源地。

（五）天津：推动各区间均衡发展，打造先进制造业研发转化基地

避免滨海新区“一枝独大”，加快实现各区间相对“均衡发展”；面向国际、借势北京、立足自身，打造全国先进制造业研发转化基地。

（六）河北：发挥现有产业优势，实现企业“提质增效”

实施三大重点战略，实现企业发展的“提质增效”。一是“除旧布新”战略，即运用高科技改造传统产业；二是“筑巢引凤”战略，即承接非首都功能，尽快形成新的增长点；三是“借势发展”战略，即利用区域新的经济增长点给河北产业带来新的发展空间。

落实国家重大战略、发挥现有产业优势，实现跨越式发展。一是落实国家重大战略，高起点、高水平建设雄安新区；二是依托现有优势产业，承接非首都功能，推动产业转型升级。

目　录

第一章

绪论

一、研究背景

（一）创新驱动已成为我国经济转型升级的关键支撑

改革开放以来，我国经济的快速增长主要得益于物质消耗、要素投入和低成本等优势，然而随着生态环境的日益恶化，这种发展方式已经难以为继，资源要素日趋紧张。目前，我国的经济发展方式仍然粗放，不平衡、不协调、不可持续问题仍然突出，迫切需要加快创新、增加技术供给、释放新动力和激发新活力，推进经济提质增效和转型升级。我国科技面向2030年的长远战略就是要“建成世界科技强国，成为世界主要科学中心和创新高地”。面对新问题，需要新思路来解决，只有实施创新驱动、智能转型、协同发展等战略才能破解我国在人口、资源、环境、发展等方面面临的难题和瓶颈制约，进而实现我国区域经济协调发展，实现国家科技和经济等战略目标。当前，创新发展已成为时代潮流，西方发达国家立足科技创新优势，在移动互联网、新能源、新材料、生物医药、智能机器人等领域正寻求重大突破，国际产业竞争加剧，新兴经济体正逐步参与到全球产业分工之中，中国面临发达国家和发展中国家的“双向挤压”。虽然我国物联网、云计算和信息技术深度应用得到了迅猛发展，新产业、新模式、新业态也层出不穷，但科技创新相关指标在世界排名中表现不佳，在创新总体排名中居世界第31位，技术完备度排名第74位。我国若想实现经济的新飞跃，避免掉入中等收入陷阱，实现由“制造大国”向“创造大国”的转变，创新驱动已成为必然选择。

（二）城市群创新已经成为实现国家创新能力提升的关键载体

城市群已成为国家参与国际分工及国际竞争的关键载体和战略平台，也是国家的重要创新策源地和产业链高端环节的聚集地。城市群对国家创新能力提升的基本路径为：一是提升城市群内创新链各环节（创新性思维、产品研发设计、装备及生产线制造、产品制造、零部件制造、原材料供应）的发育程度以及各环节间的耦合程度；二是实现核心城市与所在区域在创新方面的互动，实现创新资源和创新要素在区域内的优化组合；三是实现城市群内产业链和创新链互动与融合。通过整合国内外优质创新资源和实现核心城市与所在区域的产业链和创新链互动与融合，已成为提升国家创新能力的重要途径。

（三）企业科技创新已成为引领科技进步的核心力量

随着新一轮产业革命和科技革命的兴起，新技术、新产业、新业态、新经济层出不穷，科技与经济社会融合发展的趋势逐步加深。科技创新已成为促进区域经济发展和加快经济转型升级的主要驱动力，是形成区域核心竞争力和财富积累的重要源泉，也是摆脱经济复苏乏力和拓展发展新边界的必然选择。科技创新正在逐渐深刻改变世界发展格局。企业是区域及国家创新的主力军，企业科技创新已逐步超越高校和科研机构，成为当前引领我国经济社会及科技进步的核心力量。以京津冀地区为例，在创新投入方面，2015 年，京津冀地区科研机构和高校的 R&D 经费内部支出分别为 787.6 亿元和 236.6 亿元，规模以上工业企业为 882.6 亿元，比科研机构 R&D 经费内部支出高约 100 亿元，约是高校的 3.7 倍；2015 年，京津冀三地的科研机构和高校的平均 R&D 人员折合全时当量分别为 3.89 万人・年和 1.86 万人・年，三地规模以上工业企业的平均 R&D 人员折合全时当量为 7.15 万人・年，约是科研机构的 2.7 倍、高校的 3.8 倍；在创新产出方面，2015 年京津冀三地的科研机构和高校分别申请专利 8 691 件和 22 074 件，而规模以上工业企业的专利申请数为 47 141 件，约为科研机构的 5.4 倍、高校的 2.1 倍。随着创新投入与产出的不断加大，未来企业将成为我国由要素驱动向创新驱动发展的重要抓手和先驱力量。

（四）企业创新能力是保障区域可持续发展的重要源泉

创新是知识经济条件下企业应当具备的最基本的特征。面对知识经济时代，如何抓住机遇，迎接挑战，实现企业自身的跳跃式发展，是我国发展进程中的一个重要课题。从企业自身发展层面来看，企业创新能力的高低，直接关系到其竞争力的强弱、生产力水平的高低、企业素质的等级。一个企业如不思创新，满足现有的成绩，在激烈的竞争中必被淘汰出局。企业技术创新可以提高生产效率，降低生产成本；企业管理体制创新可以使企业的日常运作更有秩序，便于管理，同时也可以摆脱一些旧体制的弊端，如科层制带来的信息传递不畅通。从国家发展层面来看，一个国家只有拥有强大的自主创新能力，才能在激烈的国际竞争中把握先机、赢得主动。当前，我国已将提高自主创新能力、建设创新型国家作为国家发展战略的核心，这是国家领导层在新的历史阶段立足于基本国情，面对工业化、信息化、城镇化、市场化、国际化深入发展情形下的新形势、新任务，把握发展规律、破解发展难题所做出的重大战略决策。企业是区域创新乃至国家创新的重要主体，其创新能力的高低直接决定和影响了国家整体自主创新能力的强弱。党的十八大明确指出企业应担当起创新主体的责任。企业在创新活动中，一方面，应注重新技术的研发，完成新旧技术、新旧动能的顺利转化，从而实现技术“S形曲线”的发展模式；另一方面，应充分将当代最先进的科学技术运用到企业的经营与决策之中，进一步提升企业的创新能力与创新水平。因此，在我国经济全面步入新常态的现阶段，提高企业创新能力已经成为区域乃至国家获取持续竞争力的重要源泉。

（五）优化创新扩散机制是提升区域创新能力和水平的必然要求

创新是区域经济发展的“发动机”，而创新扩散机制则是动力的“传送装置”，对于区域创新而言，一是要提高创新源（创新策源地）的创新强度；二是要完善创新扩散机制，实现创新源与创新腹地间良性互动、不断增强的效应。因此，优化创新扩散机制对提升区域创新能力具有重要的现实意义。

二、研究意义

（一）提高企业创新能力是北京建设科技创新中心的战略需要

创新是引领发展的第一动力，是建设现代化经济体系的战略支撑。2014年2月26日，习近平总书记在视察北京时指示，北京要坚持和强化全国科技创新中心的核心功能。建设好全国科技创新中心，服务好创新型国家战略，担当好科技创新引领者、高端经济增长极、创新创业首选地、推动区域协同发展主引擎这是国家赋予北京的新定位、新要求，也是首都北京义不容辞的责任。北京拥有扎实雄厚的建设科技创新中心的基础。截至2015年年底，在京两院院士766人，约占全国的1/2。各类科研院所412家，位居全国首位。国家重点实验室120余家，国家工程技术研究中心近70家，分别约占全国的1/3和1/5。国家高新技术企业超过1.2万家，约占全国的1/6。创业投资和股权投资管理机构3 800家，管理资金总量约1.6万亿元人民币。2015年，研究与试验发展（R&D）经费投入占北京地区生产总值的比重达到5.95%，位居全球领先水平。但同时仅依靠传统的科学研发并不能完全将创新转化为经济发展的现实动力。企业作为国民经济的“细胞”，是科技创新研发得以进行生产转化的主阵地，是推动区域及国家实现创新驱动的主力军。当前北京打造全国科技创新中心，迫切需要通过集聚企业这一微观主体的创新发展潜能，形成创新驱动加速度状态，加快创新、增加技术供给、释放新动力和激发新活力，推进经济提质增效和转型升级。

（二）推进企业创新发展，落实京津冀协同发展的战略

当前，京津冀协同发展正处于全面推进、重点突破的关键阶段，对协同发展中各项重要任务进度进行测度就显得非常重要，这样有利于及时发现哪些项目进度正常，哪些项目进度滞后，从而及时发现制约京津冀协同发展的短板，通过补齐短板来推动京津冀协同发展这一国家战略的高水平实施。根据《京津冀协同发展规划纲要》，"全国创新驱动经济增长新引擎"是京津冀区域整体目标定位之一，打造科技创新中心是北京市城市功能定位之一，打造全国先进制造研发基地是天津市城市功能定位之一，打造产业转型升级实验区是河北省功能定位之一，这些目标的本质要求是要实现区域协同创新和创新驱动发展。当前，京津冀面临的问题大多数是企业层面的问题，例如，雾霾严重，是因为河北钢铁、水泥等重化工企业发展过多、发展方式过于粗放导致的；再如北京人口超载，其本质是河北企业发展不足，在本土无法带来足够就业机会导致的。要解决这些问题，根本的方法是从更加微观的层面谋求破除京津冀协同发展困境的可行道路。在目前的情形下，对京津冀企业创新能力及综合发展水平进行测度，相当于对该区域进行"基因级"的"体检"，不仅准确，而且非常有效。自 2014 年京津冀协同发展上升为国家战略以来，京津冀企业的科技创新有哪些新的进展？存在哪些短板和制约？现行创新政策成效如何？梳理与解决这一系列问题，需要尽快制定出一套完整的企业创新能力评价指标体系，为未来构建京津冀企业科技创新的监测平台、从企业层面推进京津冀协同发展奠定基础。

三、研究综述

（一）关于区域科技协同创新能力方面的研究

在对区域创新概念的界定方面，熊彼特（1911）在其提出的创新理论中将"创新"界定为：科技与经济结合；Philip Cooke（1992）首次引入区域创新体系概念，他认为区域创新能力主要是通过企业、研究机构、知识基础和区域创新导向政策等基本要素之间的互动与区域资本、资源、文化相结合形成的；Furman、Porter、Stern（2002）将区域创新定义为"new-to-the-world"技术流及使其商业化的能力；我国学者任胜钢、彭建华（2007）将区域创新能力定义为：某一特定区域的各创新主体在一定创新环境下，创新投入与产出的水平。在对区域创新主体的界定方面，熊彼特作为创新理论的鼻祖曾开

创性地提出“创新”是经济增长的源泉，创新系统的核心是以企业为主体的内生创新；以 Nelson（1993）为代表的国外学者强调应关注如企业、政府、高校等机构在科技活动中的作用；OECD（1997）指出创新结构是由企业、高校、科研机构等在发展科学和技术中的相互关系与联系组成的，其中企业是核心；国内学者郭传杰（1998）、曾小彬和包叶群（2008）、高月娇与吴和成（2015）等学者都将区域创新的主体归纳为政府部门、企业、高校、科研机构和中介及服务机构，而也有部分学者认为区域创新主体不应包括政府。总的来说，目前公认的区域创新主体包括企业、高校、科研机构。

Cooke（1998）对区域创新能力和创新治理进行实证分析，结果表明，教育水平、创新扩散和科技体制对区域创新能力影响显著，而创新主体、创新环境、创新组织对区域创新治理影响显著。Porter、Stern（2000）认为，创新投入、创新环境与创新制度是影响一个国家或区域创新能力的关键因素。Riddle、Schwer（2003）从高技术人力资本、工业研发和投入、知识存量等方面探讨了美国的技术协同创新能力。Zabala 等（2007）建立创新输入和创新输出二维指标，运用数据包络法测度欧洲区域创新系统的运行绩效和创新潜力。Pinto、Guerreiro（2010）采用因子分析法，从经济结构、劳动力市场、技术创新和人力资本四个维度，对欧洲多个地区的协同创新能力进行了检验。李习保（2007）构建随机前沿模型，定量检验了 1998—2005 年我国区域创新能力的变迁。陈丹宇（2009）运用面板数据模型，构建 21 个指标体系，测度长三角创新系统的协同创新能力。胡晓瑾、解学梅（2010）基于协同理念，从知识创造、创新协同、技术创新、技术创新环境、创新经济绩效等五个角度，建立了多级模糊综合评价体系。张换兆、霍光峰等（2011）构建了多级指标体系，测度京津冀各省市科技创新水平并进行了差异性分析。宋河发等（2012）基于熵变模型，从多个角度探讨了我国创新资源的布局特征，并阐述了影响区域创新能力建设的因素。贺灵（2013）构建了知识创造、知识应用开发、创新资源保障、知识转移及创新环境支持等五个能力系统，采用面板数据模型，实证分析了我国各地区的协同创新能力。邓富民、张金光、梁学栋（2014）运用协调度——管理熵的测度方法，从创新主体有序度和知识转移度两个方面定量研究了我国各省市的区域创新能力。张志新、孙照吉、薛翘（2014）运用主成分分析法对黄河三角洲 6 个市的科技创新能力进行了测度与评价。王亚伟、韩珂（2012）构造了多层次模糊综合评价模型，实证测度我国省域的科技创新能力。

（二）关于企业创新能力测度方法方面的研究

近年来，我国学者愈发重视对企业创新能力的研究，学者们大多通过建立一套由多项指标构成的评价指标体系对企业创新能力进行测度。温瑞珺、龚建立、王黎娜（2005）综合考虑了R&D能力、生产制造能力、价值实现能力、组织管理能力，采用模糊评价法，对企业创新能力进行测评；邹林全（2008）运用主成分分析法从7个方面对企业创新能力进行了评价与分析，包括创新投入能力、创新技术能力、研究开发能力、创新生产能力、创新销售能力、创新产出能力和创新管理能力；黎朝晖、张小薇、李岱松（2010）从自主创新投入、自主创新产出、自主创新管理、自主创新环境四个维度入手，采用模糊综合评价法对我国各地区大中型工业企业自主创新能力进行了评价，并对京津冀地区做了针对性分析；刘微微、张铁男（2011）运用主客观赋权法对企业创新进行了创新投入能力和创新产出能力两个维度的测度；丛屹、孙伯驰（2015）选取了8个有关创新投入、产出的指标，运用主成分分析法对我国三大都市圈中的7个代表城市进行了企业创新能力的测评；卢燕、祝尔娟、叶堂林（2016）建立了包括企业实力、企业活力、企业创新力的评价指标体系，运用熵值法和聚类分析法对京津冀企业发展进行了评价与分析。在研究方法方面，学者们研究企业创新能力的主要方法包括模糊综合评价法、主成分分析法、熵值法等；在研究视角方面，出现频率较高的一级指标有创新投入、创新产出和创新环境。

在企业创新投入方面主要采用研发强度指标，有些学者认为企业创新能力有别于企业其他资源和其他投入（Ethiraj，Kale，Krishnan 和 Singh，2005），认为企业创新能力是对企业资源进行编排的行为过程（Makadok，2001），是企业将投入转化为产出的行为过程（Dutta，Narasimhan 和 Rajiv，2005）。在企业创新能力产出方面主要采用专利水平指标来测度，较为普遍的方式是以专利申请数量作为企业技术能力的代理变量，如 Sears 和 Hoetker（2014）的做法。Kotha、Zheng 和 George（2011）通过专利申请时间、专利分类号、代理人姓名、专利子类数、专利权限数等指标综合测度企业的技术能力，并将技术能力划分为宽度和深度两个维度：技术能力宽度以企业的专利申请门类总数作为变量，技术能力深度以企业在某一特定专利门类内的最大专利申请数作为变量。与此类似的是，Carnabuci 和 Operti（2013）以专利指标来测度企业的技术重组能力：以企业过去5年重复出现的专利组合数占专利组合总数的比例作为重组利用能力的代理变量，以企业过去5年新出现的专利组合数占专利组合总数的比例作为重组探索能力的变量。Jain（2013）以科学家两个连续专利申请时间差的倒数作为企业创新能力指标，认为专利的引用和组合更能反映企业技术创新能力的渐进性改进以及组合创新等编排过程，是较为理想的企业创新能力的变量。在主观评测方面，主要通过结构化调查问卷直接测度。譬如，Subramaniam 和 Youndt（2005）开发了企业创新能力的测度表，以测度企业在渐进式创新和突破式创新方面的能力水平。Smith，Collies 和 Clark（2005）通过对知识型员工的访谈，开发了测度企业知识创造能力的题项，包括联系、整合、创造三个维度。Danneels（2008）开发了市场竞争能力和研发竞争能力的量表。Drnevich 和 Kriauciunas（2011）基于对智利700家企业的问卷调查，开发了企业基本能力和动态能力的测度题项，前者侧重于对企业生存能力的测度，后者侧重于对企业未来竞争能力的测度。国内学者大多借鉴了国外成熟量表对企业创新能力进行测度。譬如，魏江和徐蕾（2014）主要借鉴了 Subramaniam 和 Youndt（2005）关于企业双元创新能力的测度量表考察了知识网络嵌入性对集群企业创新能力的影响机制；耿新和张体勤（2010）主要借鉴了 Danneels（2008）关于企业动态能力的测度量表考察企业家社会资本对企业动态能力的影响机理。

（三）关于指数分析方法应用方面的研究

外国学者研究综述：哈佛大学教授鲍尔（1966）提出了衡量社会发展的指标体系；美国海外开发理事会大卫·莫里斯（1977）构建了物质生活指数（PQLI），由婴儿死亡率、平均预期寿命和成人识字率三者算术平均值构成；统计学家 Tony Friend 和 David J. Rapport 在1979年提出 PSR，包括压力、状态、响应3个方面；美国宾夕法尼亚大学理查德·J. 埃斯蒂斯教授（1984）提出了社会进步指数（ISP），由教育、健康状态、妇女状态、国防、经济、人口、地理、政治参与、文化多元性和福利10个社会发展方面的36个指标构成；1988年，埃斯蒂斯又提出了加权社会进步指数（WISP），通过因子分析，对各领域的指数值进一步计算得到权重数；Daly 和 Cobb（1989）提出可持续经济福利指数（ISEW），并计算了1953—1993年美国的 ISEW；联合国开发计划署（1990）提出了人文发展指数（HDI），其主要综合反映卫生与健康水平、教育水平、经济和生活水平等；加拿大生态经济学家 Rees（1992）

提出并由 Wackernagel 逐步完善起来的基于生态足迹的一种可持续发展综合评估指标模型；联合国统计局的 Peter Bartelmus（1994）提出了一套可持续发展指标体系；OECD（1994）提出的可持续发展指标体系 PSR 模型，系统地回答了“What”“Why”和“How”3 个基本问题；世界保护同盟与国际开发研究中心（1995）提出了可及时监测可持续发展进程的一套指标体系；世界银行（1995）独立设计了以财富为出发点的可持续发展指标体系，这是全球第一次以三维的方式展示世界各国各地区的真正财富；OECD（1996）在 PSR 模型基础上提出了 DSR 模型，包括驱动力、状态和响应 3 个方面；Cobb（2001）将 ISEW 进行修订，并命名为真实进步指数（GPI），GPI 账户核算内容包括个人健康状态、社会凝聚力、智力资本、经济繁荣，以及自然资本和环境健康的可持续性。

（四）关于京津冀协同发展方面的研究

自京津冀协同发展战略上升为国家重大发展战略以来，学术界围绕其进行的相关研究的领域和方向逐步拓展，对其战略意义与实现条件、战略重点、实现途径和突破口选择等方面的探讨和研究层出不穷且不断深入。本书梳理了关于京津冀协同发展重点任务及突出问题方面的研究、关于京津冀协同发展阶段划分及特征方面的研究、关于京津冀协同发展状况分析方面的研究，以期寻找京津冀协同发展现阶段存在的突出问题、面临的重点任务，以及评价其协同状况的主要视角，从而为本书科学评价京津冀协同创新发展状况提供思路。

1. 关于京津冀协同发展重点任务及突出问题方面的研究

以《京津冀协同发展规划纲要》为指导，一些学者对京津冀协同发展的重点任务进行了概括。孙久文（2016）认为京津冀协同发展的重点任务是疏解北京非首都功能，缩小地区发展差距，实现交通运输、生态环境保护与治理、产业发展、基本公共服务等重点领域的一体化发展等。毛汉英（2017）认为在京津冀协同发展的进程中，为有序疏解北京非首都功能、优化提升首都功能、缩小京津冀发展差距、优化经济结构和空间结构等，必须正确处理好追求经济效率和追求社会公平两大目标之间的关系，未来较长一段时期内应将缩小区域发展差距作为主要目标。赵弘（2018）认为京津冀协同发展的提出就是要打破“一亩三分地”的思维定式，充分发挥市场配置资源的决定性作用，着力破除制约要素跨区域流动的制度瓶颈，加快建立有利于疏解非首都功能、推动协同发展的体制机制。还有一些学者对京津冀协同发展面临的突出问题进行了分析，认为京津冀三地间相对不畅的要素流动、相对较大的发展差距等制约了京津冀三地的协同发展。安树伟、肖金成（2015）认为京津冀的协同发展所面临的问题主要表现在三个方面，一是区域内部发展不平衡，二是城镇体系存在断层现象，三是资源环境约束尤其是水资源供需矛盾和大气环境污染最为突出，而这三个问题背后的根本原因是北京的过度“膨胀”和河北与北京、天津发展差距过大。孙久文、李坚未（2015）指出京津冀三省市发展差距、产业发展状况、科技、政府合作是影响京津冀协同发展的重要因素，制约京津冀协同发展的主要原因包括：一是市场经济发展仍不成熟，二是政治地位不平等，三是中央政府的相关制度设计缺失，四是京津冀缺乏统一的发展规划和合作制度，而这些原因共同导致了京津冀区域内难以实现生产资源、公共服务资源等的自由流动，这就使得京津冀三地难以实现真正的协同发展。

通过梳理京津冀协同发展重点任务及突出问题方面的相关研究，可以发现学者们普遍认为缩小区域差距、增强跨区域要素流动是实现京津冀协同发展的重要任务，也是现阶段京津冀协同发展需弥补的突出短板。

2. 关于京津冀协同发展阶段划分及其特征方面的研究

协同发展是一个不断演进的过程，不同发展阶段的特征有所不同。一些学者尝试对协同发展的阶段进行划分并在此基础上判断京津冀协同发展所处的每一阶段的特征。

孙久文、原倩（2014）从时空演化角度将京津冀协同发展划分为使动阶段、自动阶段和协同阶段三个阶段。在使动阶段，区域经济在极化作用下形成以中心城市为核心的“两端化”的核心边缘结构，区域核心城市和边缘城市存在显著的空间差异，虽然核心地区的极化符合整体利益，但作为理性经济人的边缘地带的地方政府天然抗拒核心地区对他们的极化作用，贸易保护和市场分割成为边缘地区保护自身利益的本能选择，因此这一阶段的重点任务是推动构建一体化的商品市场、打破地区贸易封锁等。进入协同发展的自动阶段，区域中心城市的聚集已经存在巨大的聚集性经济，空间形态逐渐从“两端化”向“扁平化”转变，此时区域协同发展的主要困难是各地公共服务落差造成的对要素自由流动的限制，因此这一阶段的重点任务是着力缩小基础设施和公共服务方面的落差，为市场机制下的要素流动创造有利条件。

进入协同阶段，区域内部各城市分工合作已经发展成熟，功能互补和产业衔接十分顺畅，空间差距逐渐弥合，空间形态演化进入“扁平化”阶段。随着中心城市功能和产业的疏解与边缘地区活力不断增强，区域内部联系不断增强，这一阶段协同发展的主要任务是在商品和要素市场一体化基础上进一步推进资本市场一体化，在交通和公共服务一体化基础上推动区域政策一体化，构建长效化的区域协调机制。孙久文、原倩的研究认为当前京津冀呈现“双中心、两端化”的空间形态，京津冀三地间的差距相对较大，区域要素流动性相对较低，故京津冀协同发展尚处在“使动阶段”向“自动阶段”转变的过渡时期。

京津冀蓝皮书（2018）认为协同发展一般要经历由“不和不同”到“同而不和”再到“和而不同”三个阶段。随着协同发展阶段的推进，区域间联系、均衡、融合的特征将不断显现。“不和不同”是经济发展初期，是区域间缺乏联系、自我发展、各主体存在较大发展差距的阶段；“同而不和”是区域协同发展的初级阶段，区域间联系不断加强、差距相对缩小，不乏形式上的合作，如产业对接、公交一卡通、客运一票式等，但各自仍强调自身利益，尚未形成利益共同体；“和而不同”是区域合作的高级阶段，区域间联系紧密、各有分工，目标一致、发展相对均衡，是一个有机的利益整体。笔者认为当前京津冀协同发展已初步实现了由“不和不同”向“同而不和”的转变，而基于资源禀赋和发展条件的“和而不同”格局尚未形成。

综上所述，京津冀协同发展进入到较高发展阶段的关键特征可概括为：区域内部联系紧密、互动不断增强；经济、社会发展差距相对缩小，空间差距逐渐弥合；分工合作已发展成熟，实现区域的融合发展。目前，京津冀协同发展正处于向较高发展阶段过渡的关键时期。因此，对京津冀协同发展的进展需围绕这些特征展开评价与分析。

3. 关于京津冀协同发展状况分析方面的研究

一些学者通过政策梳理和数据描述等方法对京津冀协同发展状况进行了阐述。武义青、田学斌、张云（2017）对京津冀协同发展的相关政策进行了系统梳理并对可以反映协同情况的相关数据进行了描述，从而总结了京津冀协同发展战略的实施情况和成效，认为有序疏解北京非首都功能已取得突出成效、三大重点领域已率先取得突破、区域协同创新呈现良好发展态势、市场一体化亮点突出等。张可云、蔡之兵（2014）以人均 GDP、城镇居民家庭人均可支配收入以及农民人均纯收入等指标反映了京津冀三地各自发展现状，以 GDP 增长率的相关系数反映了京津冀地区的内部联系，从而评价了京津冀区域经济合作的实施效果，认为无论是从京津冀地区的个体发展还是地区间的联系来判断，京津冀地区的区域合作与协调发展效果都相对不足，并指出河北经济实力相对薄弱导致其在与北京的谈判、合作、协调发展中处于相对被动局面和地位是京津冀三地实现真正协同的重要制约。薄文广、殷广卫（2018）对京津冀三地交通基础设施互通互联、区域环境联防联治、产业协同发展三方面的相关政策进行了梳理，以反映京津冀协同发展的进展。

另一些学者通过构建评价指标体系对京津冀协同发展状况进行定量测度，以期实现监测运行、发现问题、评估政策、预测前景、衡量目标等作用。《京津冀发展报告（2016）》提出了“京津冀协同发展指数”这一概念，从城乡协同、城际协同和城域协同三个层面构建了京津冀协同指数评价体系。《京津冀发展报告（2017）》从协同能力、协同行动、协同绩效三个层面构建了京津冀区域协同发展指数分析模型，并运用统计数据采用定基指数法对京津冀协同发展状况进行了测度，认为京津冀的协同发展程度总体呈上升趋势。祝尔娟、何皛彦（2016）构建了包含发展指数、协同指数、生态文明指数、人口发展指数、企业发展指数等五个方面的指标体系，运用这一指标体系对京津冀协同发展状况进行了测度和分析，得出了三地差距在缩小、互投活跃等的研究结论。中国社会科学院京津冀协同发展指数课题组（2017）基于五大发展理念构建了京津冀协同发展指数评价指标体系，对京津冀创新发展、协调发展、绿色发展、开放发展和共享发展五个协同指数进行了测度与分析，跟踪评价京津冀协同发展成效，得出了 2005—2015 年京津冀协同发展指数总体呈上升态势的基本结论。张贵、李佳钰（2017）从资源配置效率差异的研究视角，基于效能性、公平性、参与度、责任性和安全性五个维度构建了区域资源配置效率的评价指标体系，对京津冀协同发展的进程进行了阶段性评价，认为尽管京津冀三地之间的相互协作关系有所加强，但区域内各地市之间的联系程度依然不够紧密，使京津冀陷入了资源配置效率与协同发展间无法有效协调的不良循环。

对现有京津冀协同发展状况方面的相关研究的研究视角、基本结论等进行梳理，为分析京津冀协同发展情况提供了基本思路，即对京津冀协同发展状况的分析应充分反映京津冀地区各城市间的联系程度、发展差距、协作情况等。

（五）关于创新空间扩散机制及测度方法方面的研究

1. 关于创新空间扩散机制方面的研究

从空间范围来看，创新在空间上高度集中，创新只有通过空间扩散才可能实现其最大价值。创新可以从核心区域向边缘区域扩散，也可以在核心区之间扩散（Shefer 和 Frenkel，1998）①。

（1）创新扩散机制的研究方面。瑞典地理学家哈格斯特朗对创新的空间扩散做了开创性的研究，强调通信网络和城市体系对创新扩散的重要作用（Hagerstrand，1967）②。布朗从创新供给的角度对创新扩散机制进行研究，认为扩散机构的区位决定了创新扩散的过程，市场与基础设施是影响创新扩散的关键因素（brown，1981）③；肖在研究中发现个体因素、社会经济因素、制度性因素与结构性因素等影响农业创新扩散（Shaw，1985）④；奥姆罗德从创新的需求角度对创新扩散机制进行了研究，认为地方因素如人均收入、人口密度等也是影响创新空间扩散的重要因素（Ormrod，1990）⑤；史密斯构建了创新扩散的空间模型，发现创新扩散存在着空间上的相互依赖性（Smith，2004）⑥。

（2）创新扩散方式的研究方面。根据创新扩散在时间与空间上的特性，可以分为蔓延式和等级（跳跃）式扩散两种方式（Richardson，1979）⑦。蔓延式创新扩散主要发生在两种情况下：一是城市群或都市圈的核心区与边缘区之间的扩散；二是在欠发达地区和信息沟通不畅地区，导致创新扩散只能依赖人与人之间的直接接触，因此距离和时间构成影响创新扩散的重要因素。等级（跳跃）式扩散主要发生在交通通信和经济发达的地区，创新经常沿着

① Shefer D，Frenkel A. local Milieu and Innovations：Some Empirical Results ［J］. The Annals of Regional Science，1998，32：185-200.

② Hagerstrand T. Innovation Diffusion As A Spatial Process ［M］. Chicago：University of Chicago Press，1967.

③ Brown L A. Innovation Diffusion：A New Perspective ［J］. New York，Methuem，1981.

④ Shaw A B. Constraint on Agricultural Innovation Adoption ［J］. Economic Geography，1985，61：25-45.

⑤ Ormrod R K. Local Context and Innovation Diffusion in a Well-Connected World ［J］. Economic Geography，1990，66：109-254.

⑥ Smith T E，Song S. A Spatial Mixture Model of Innovation Diffusion ［J］. Geographical Analysis，2004，36（2）：199-145.

⑦ Richardson H W. Regional Economics ［M］. Urbana：University of Illinois Press，1979.

发达的城市体系进行扩散。其模式体现在两个方面，一是核心城市与核心城市之间的创新扩散，二是大城市向中等城市再向小城市进行扩散。佩德森认为影响创新等级扩散的因素主要是一个城市接受创新的意愿、创新技术的经济可行性以及该城市的企业家精神等（Pederson，1970）①。

（3）创新扩散途径的研究方面。创新扩散主要途径可分为区域内溢出和区域间（包括跨国）溢出，其介质是信息、人员、货物、技术等。区域内溢出主要通过区域内贸易（如商品流通）、技术合作及人力资本流动等来实现。区域间（包括跨国）溢出主要是指国际商品贸易、外商直接投资、国际技术合作、人口流动以及信息的交流等。王德禄等（2011，2012）② 认为欠发达经济体的创新扩散成效主要取决于与全球创新策源地的链接程度，主要通过技术、资本、产业链 3 个核心链接机制达成，扩散方式关键取决于人脉网络。

2. *关于创新扩散效应测度方法的研究*

传统测度创新扩散效应的方法主要有两类：一是基于创新产出函数来测度，如科布道格拉斯生产函数（Cobb－Douglas，1931）和知识生产函数模型（Jaffe，1986）；二是通过全要素生产率（TFP）来测度 R&D 活动的溢出效应。近年来，创新扩散效应的计量经济学的研究方法取得了新进展，其主要特征是以空间计量模型的应用为主，实现了从计量经济学到空间计量经济学的转变。空间计量经济学的兴起，有效地推进了区域创新扩散效应的研究进程。

四、研究框架

本书的研究系统梳理了国内外企业创新能力测度方面的相关文献，借鉴国内外企业创新能力提升的成功经验，深入探讨了区域企业创新能力培养的内在机理，构建京津冀企业创新的指标体系，并运用综合评价法对京津冀企业创新进行了测度和分析，以期揭示企业创新的基本趋势及主要问题，提出推进企业协同创新发展和北京打造科技创新中心的对策建议。本书的研究主要包括以下五个部分：

第一部分：绪论。该部分研究的重点包括研究背景、研究意义和研究现

① Pedersen P O. Innovation Diffusion Within and Between National Urban Systems［J］. Geography，1970，2：203－254.

② 王德禄．自主创新全球化新阶段：全球链接与创新地图［J］．中关村，2011（10）：55－56.

状等。

第二部分：理论基础与规律探讨。该部分研究重点包括：一是对相关理论进行系统梳理，包括创新发展理论、创新驱动理论、经济增长理论、系统协同理论和知识溢出理论。二是国际借鉴。借鉴德国、英国、美国、日本等重点地区关于区域企业科技创新的成功经验，对创新主体、创新能力、创新绩效、创新环境进行深入研究，重点对企业创新的各要素相互作用的内在机理和发展规律进行探讨。

第三部分：模型构建及指标选取。重点包括构建原则、研究思路、指标体系、指标选取及测度方法。研究将从企业综合发展能力和企业创新能力两个维度构建不同的指标体系，即构建“企业实力—企业活力—企业创新力”模型框架对京津冀企业综合发展能力进行研究，构建“创新投入—创新产出—创新环境”模型框架对京津冀企业创新能力进行研究，并将企业大数据与统计数据相结合，明确具体指标。

第四部分：结果测度与实证分析。重点包括测度结果、基本判断及问题分析。本部分依据指标体系，首先，对京津冀企业综合发展能力指数进行测度，作为研究基础，该部分基于全样本的企业大数据，将京津冀 45 个市、区（北京 16 个区+亦庄经济开发区、天津 16 个区+自贸区、河北 11 个地级市）作为研究对象，从指数评价和趋势分析两个角度展开研究，一方面摸清京津冀内部不同区域企业发展能力，另一方面找到不同地区企业发展的优势及短板，发现影响企业创新能力的环境因素，并为下一步提升京津冀企业创新能力找到切入点和着力点。其次，重点针对京津冀企业创新能力进行系统分析及评价。构建基于“创新投入—创新产出—创新环境”三个层面的评价指标体系，一方面从指数评价的角度，在对京津冀区域内部企业创新能力进行评价时，同时把京津冀与长三角、珠三角等重点城市群进行比较，从而更加合理、全面地反映京津冀企业创新能力的现状及水平。另一方面从行业判断、产业发展的角度，聚焦“企业创新力”指标层面，对京津冀 45 个市、区企业创新在不同行业的发展趋势及现状水平进行梳理，同时运用耦合机制原理，对京津冀企业创新能力与产业结构升级相互作用程度进行分析研究，并得出基本结论。

第五部分：对策建议。针对京津冀企业创新能力的薄弱环节提出具体对策建议。

京津冀企业创新能力指数分析研究框架见图 1-1。

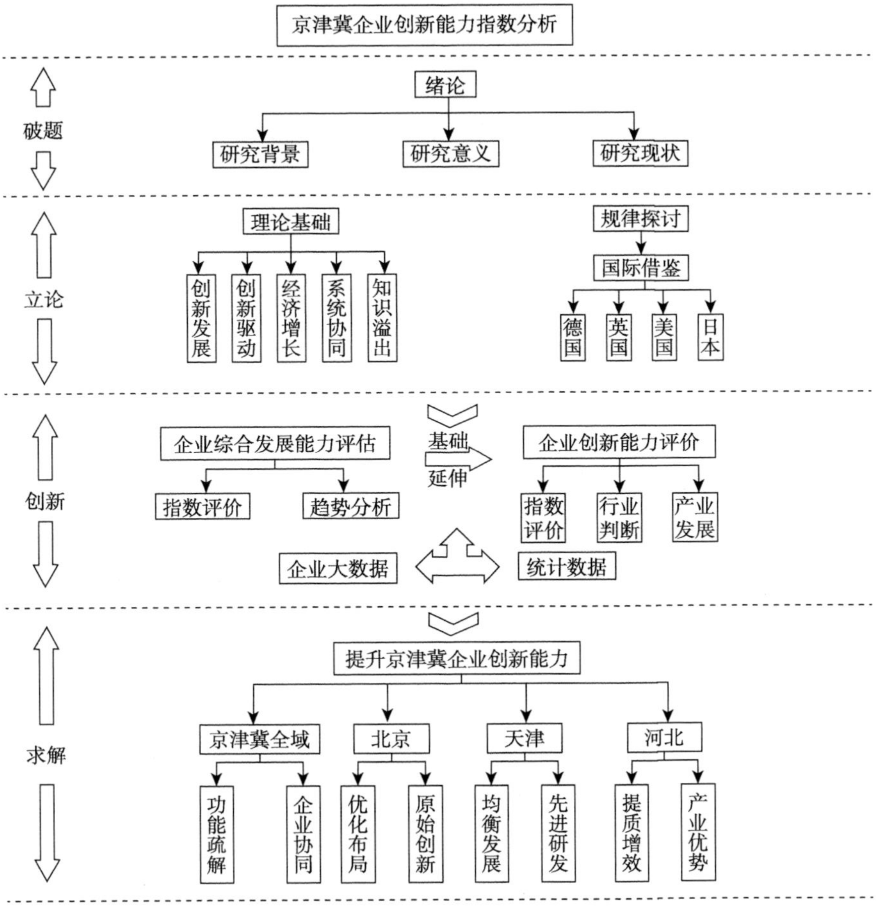

图 1-1　京津冀企业创新能力指数分析研究框架

第二章

创新理论基础与国际借鉴

一、创新理论基础

熊彼特的创新理论是现代创新理论的基础。目前，国外关于创新理论的研究主要分为新古典学派、新熊彼特学派、制度创新学派和国家创新系统四大理论学派。以索洛为代表的新古典学派将技术进步作为经济增长内生变量因素之一，建立了技术进步的索洛模型；以曼斯菲尔德为代表的新熊彼特学派建立了技术创新扩散理论模型，提出垄断竞争和寡头垄断的市场结构最有利于技术创新；以诺斯、戴维斯等学者为代表的制度创新学派认为技术创新有利于降低制度创新成本，制度创新可以促进和保障技术创新，两者相辅相成；以英国学者弗里曼和美国学者纳尔逊为代表的国家创新系统学派提出了国家创新系统理论。本书将以创新驱动的相关理论为基础，结合国家创新系统论，为京津冀企业创新能力测度的研究奠定理论研究基础。

（一）创新发展理论

熊彼特（1912）提出创新是企业家将要素创新组合的过程。企业是创新的主体，在外生科技创新发明的影响下，企业研发作为创新起点，其创新成果经过创新性投资管理、创新性生产模式、市场创新等多个环节推向市场并获得高额利润。部分超额利润转化为企业新一轮的研发投入，如此形成新的企业科技创新循环。同时，在熊彼特的创新模型中，企业创新绩效决定了创新能否成功，而创新绩效取决于国家科技水平和创新环境两个方面。国家科技进步水平越高，R&D 经费投入越多，企业的技术创新绩效也会相应有所提高；政府的科技进步政策、国家高等教育水平、鼓励创新的社会氛围等综合环境的不断优化提升，都会对企业的技术创新产生积极影响，见图 2-1。因此，创新是企业内在动力和外部环境相互作用的结果，构成国家创新体系的基石。

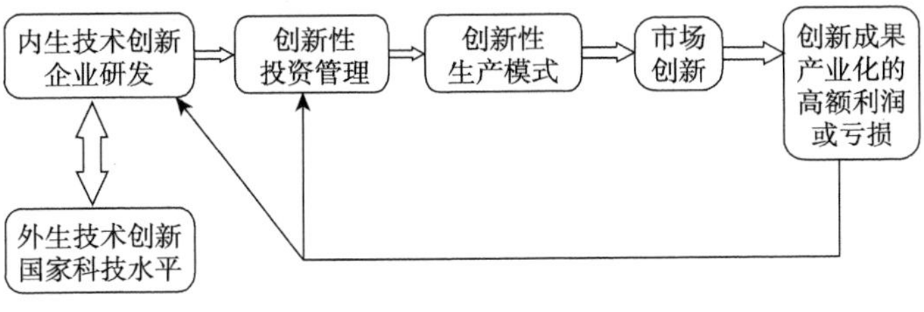

图 2-1　熊彼特创新模型

（二）创新驱动理论

迈克尔·波特（2002）首次提出创新驱动是经济发展的高级阶段。波特通过构建“钻石体系”来诠释国家竞争优势形成的内在机理，进而提出要通过创新形成竞争优势。钻石体系由核心要素（包括生产要素，企业战略、结构和竞争对手，需求条件，相关与支撑性产业四部分）和外部因素（包括机会和政府两部分）两个子系统构成。核心要素子系统内部相互作用，在外部要素子系统的随机作用下，共同构成了国家竞争优势。

国家经济发展划分为“要素驱动—投资驱动—创新驱动—财富驱动”四个阶段。波特根据经济发展方式的不同，运用“钻石体系”将国家经济发展划分为上述四个阶段。在要素驱动阶段，经济增长依靠要素投入而增加。随着财富积累、企业家精神、国内需求条件和竞争对手的变化，经济增长进入投资驱动阶段，即企业的创立不再完全依据资源禀赋，而是依据财富手段创造资源或搬运资源。但过度依赖资源消耗或高储蓄、高投资经济增长方式必将因为缺乏技术进步的支撑而走向发展桎梏。当传统的生产要素和技术水平已经无法满足国内需求时，客观上会要求企业提高对投入要素的要求，通过发挥人力资本、知识资本和信息资本的能动作用，创新投入要素的种类、结构和生产方式，提高相关产业的生产能力，从而从根本上提高社会整体的技术水平和劳动生产率，增强国家（地区）的竞争优势，使国家（地区）进入创新驱动阶段。当创新成果实现产业化，科技成果转化为生产力，社会对创新的要求会再一步提高，这时经济发展方式向财富驱动转变，见图 2-2。

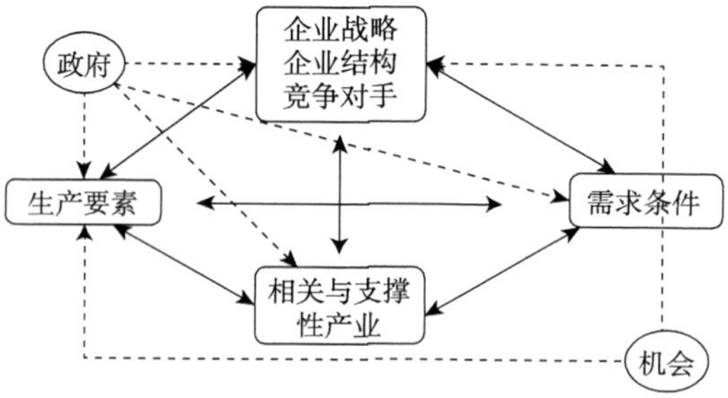

图 2-2　迈克尔·波特“钻石体系”模型

（三）经济增长理论

根据是否将技术进步作为经济增长的内生变量，经济增长理论可以分为传统经济增长理论和经济内生增长理论两个部分。传统经济增长理论主要包括哈罗德—多马模型和新古典增长模型。其中，新古典理论的代表人物索洛提出，技术进步是促进经济长期增长的源泉。新古典增长模型将技术进步作为外生变量引入生产函数，构建了新古典生产函数：

$$Y_t = A(t)K_t^{\alpha}L_t^{\beta}$$

进而运用索洛余值法可将全要素生产率（TFP）计算出来，即为科技进步贡献率。经济内生增长理论认为要素投入等外力驱动的经济增长是不可持续的，内生的技术进步是促进经济长期持续增长的源泉。内生的技术进步根植于人力资本的形成，而人力资本是人力资源（劳动者）持续接受正规教育、培训、在职学习等途径逐渐形成的，进而将知识通过研究与开发、发明、创新等活动转化为物质资本的积累。因此，人力资本的积累带来的技术进步才是促进经济持续增长的动力和源泉。舒尔茨（1960）提出通过对教育的投入可以积累人力资本，形成知识效应和非知识效应，从而直接或间接地促进经济增长。阿罗（1962）建立了“干中学”模型，认为技术进步是资本积累的副产品，企业可以通过投资促进技术进步，通过技术外溢效应，其他企业在学习中获得技术进步。阿罗的模型没有使技术对经济增长的作用内生化。罗默尔（1986）和卢卡斯（1988）通过将技术进步因素引入生产函数，强调技术内生化。在垄断竞争的假设前提下，提出知识产权具有部分排他性和知识溢出效应。通过构建最终产品、中间产品和研发的三部门模型，提出人力资本可以通过研发不断积累，其边际产出率与人均收入增长率呈正相关增长。卢卡斯（1988）将人力资本作为内生变量引入经济增长模型中，提出教育活动是形成专业化人力资本的主要途径。

（四）系统协同理论

系统协同理论主要分析如何将系统运转从无序低效优化至有序高效，提出每个较为优化的系统都可包含多个子系统，且以自组织方式实现有序运转。而系统的协同是通过系统内各种子系统（要素）之间相互协作和有序分工，产生 1+1>2 的协同效应，形成超越各自功能简单加总的新功能，从而实现系统由无序状态向有序状态、低级阶段向高级阶段的演化发展。区域经济协同发展也可以被视为一个复杂的系统，具有共生、有序、高效和动态四个特点。①共生——经济组分高度关联。区域内的各经济组分应实现要素自由流动，商品劳务的自由流转和贸易。②有序——经济组分合理分工。区域内经济组分有序组合则促进专业化分工，促进区域内经济体实现资源优化配置。③高效——经济效益高。高效运转的区域经济系统表明形成了区内“互惠共生，合作共赢”的内生机制，各组分高效运转推动并促进区域经济系统整体的高效发展。④动态——及时调整提升。区域经济协同发展遵循“初级—中级—高级”的演变路径，协同系统从无序低效逐渐提升至有序高效。

(五) 知识溢出理论

“S形曲线”理论主要阐释了技术对经济体中新旧动能转化发挥的驱动作用。每一种技术的生命周期都是一条独立的“S形曲线”，在新技术的导入期阶段，技术进步速度相对缓慢。当该项新技术进入成长期阶段，相关技术和经济将呈现指数型增长态势。当该项技术进入成熟期阶段，技术进步会出现增长率放缓、动力缺乏等问题。而在这个阶段，经济体中会萌生新的技术，形成新的“S形曲线”，最终超越传统技术。因此，在传统动能（传统技术水平）走向成熟期时，需要新技术来驱动新动能异军突起，此时需要加大对新技术的投入，实现经济体技术水平的整体进步、投资收益递增和“新经济”快速增长，见图2-3。

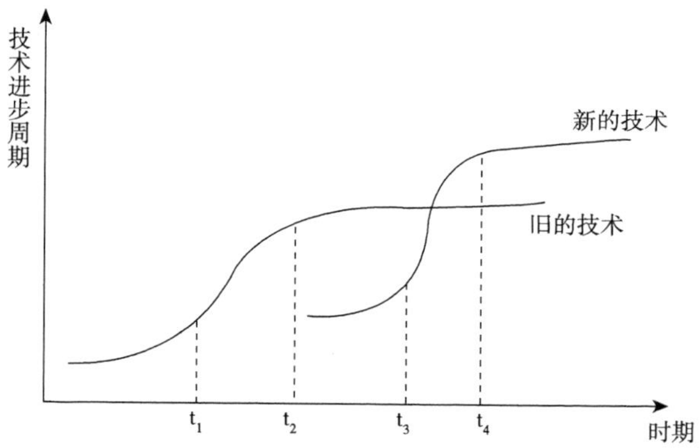

图2-3 “S形曲线”技术进步周期函数图

二、国际借鉴

(一) 德国：以构建国家创新体系推动企业创新

科技创新转化为生产力促使德国经济始终居于欧盟领先地位。近年来，在欧债危机和金融危机的冲击下，欧盟各主要成员国的GDP增速均呈现不同程度的波动，但德国的经济仍然保持较大的增长潜力。从经济总量来看，2015年德国的国内生产总值为38 000亿美元，同比增长1.7%，经济总量居于欧盟成员国中第一位，世界第四位①。从经济增速来看，德国的GDP增速始终高于欧盟国家的平均水平，明显高于法国、意大利等传统发达国家，见图2-4。德国经济颇具活力的背后，不仅依靠消费驱动，更多的是依靠技术创新驱动经济发展。作为欧盟的创新领导者，德国在核心技术研发、高技术产业发展以及产品与服务创新等方面始终走在世界前沿，且推动制造业不断升级，使其在国际竞争中居于优势地位。

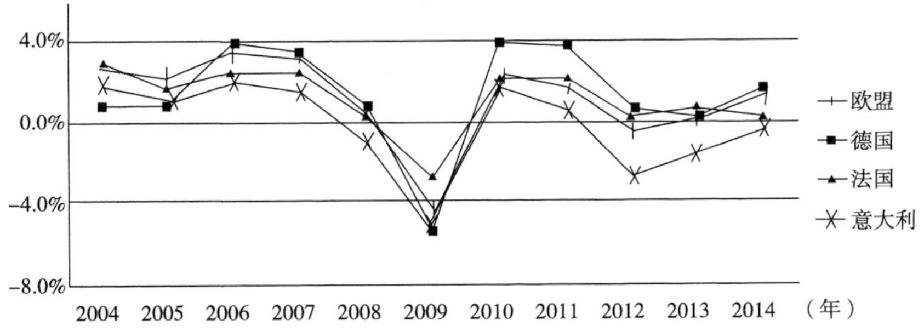

图2-4　2004—2014年欧盟及主要成员国GDP增长率（%）

数据来源：全球经济数据查询与服务平台（http：//www. edatasea. com/）。均采用以2010年为基年的实际GDP计算。

德国经济的创新驱动是以企业为创新主体，政产学研四位一体的协同创新模式，是在工业革命的时代背景下，结合本国工业基础和发展需求应运而生的。德国的创新驱动经济发展历程可以分为18世纪至19世纪中期的模仿创新阶段、1880—1970年的基础创新阶段、1970—2012年的深化创新阶段和2013年至今的高科技创新阶段这四个阶段。其创新驱动型经济得以持续发展的原因主要得益于以下几个方面。

1. 国家创新战略——宏观战略规划与行动计划、配套法律紧密对接

自1980年以来，德国将创新驱动置于国家战略的核心位置，并形成了具有连续性、系统性的创新战略规划与制度保障体系。该体系包括三个层面：一是基于国家层面的创新战略规划，为德国的创新发展制定统筹全局的战略

① 数据来源：德国联邦统计局统计数据。

规划。如2006年的《德国高科技战略》、2010年的《德国2020高科技战略》等。二是基于落实规划的行动计划。配合德国创新规划制定的具体到产业布局、科技创新、城镇空间等领域的行动计划，力求细化到创新驱动的各个领域，从而落实宏观规划，如2013年的《德国工业4.0战略计划实施建议》就是为实现德国工业“4.0”的发展目标提出的具体行动方案。三是相关的法律配套体系。德国联邦政府通过法律的强制手段，为创新驱动战略的落实和具体行动的实施提供了法律保障。如1981年的《专利法》、2012年的《科学自由法》等法律的颁布实施，都为涉及创新成果保护和集聚科技人才等重要方面提供了法律依据，见表2-1。

表2-1 德国创新驱动战略相关战略与政策

时间	名称	内容及意义	属性
2006年	《德国高科技战略》	从国家层面系统制定高科技发展战略，确定了旨在加强德国创新力量的明确政策路线	国家战略规划
2010年	《德国2020高科技战略》	确定能源、生物技术、纳米技术、交通、航空、健康研究等新的重点关注领域	国家战略规划
1996年	《德国科研重组指导方针》	明确了德国科研改革的方向	国家落实计划
2006年	《德国高科技战略》报告	首次监测德国高科技战略的实施效果，通过创新效果的短板提出相应的调整政策	国家落实计划
2012年	《高科技战略行动计划》	配合《德国2020高科技战略》提出10项未来研究项目	国家落实计划
2013年	《德国工业4.0战略计划实施建议》	配合《德国2020高科技战略》，提出支持工业领域新一代革命性技术的研发与创新等	国家落实计划
1981年	《专利法》	保护科研工作者的科研成果，激发科研人员积极性，促进专利申请和授权数量增加	配套法律法规
2002年	《高校框架法第5修正法》	为在大学建立青年教授制度提供了联邦法律依据，提高科研积极性	配套法律法规
2004年	《研究与创新协议》	由联邦政府与各州政府签订，确保大型研究协会的研究经费每年保持至少3%的增幅	配套法律法规

续表

时间	名称	内容及意义	属性
2006 年	《科技人员定期聘任合同法》	将公立科研机构研究人员的定期聘任合同期限放宽以留住青年科技人才	配套法律法规
2012 年	《科学自由法》（《关于非大学研究机构财政预算框架灵活性的法律》）	给予非大学研究机构在财务和人事决策、投资、建设管理等方面更多的自由	配套法律法规

资料来源：根据公开资料整理。

2. 国家创新体系——企业是创新主体，政府与市场相互促进、互不错位

德国的国家创新系统形成了以企业为技术创新主体，科研机构引领知识创新，政府引导与市场激励并重的创新体系。首先，企业的创新主体地位既是创新驱动演化的历史结果，又是政府规划的着力点。蒋绚（2015）提出德国企业的研发投入从 1999 年的 334 亿欧元增加至 2012 年的 512 亿欧元，占 GDP 的比重由 1. 67%提高至 1. 94%。2013 年，德国汽车、机械制造及电子电气产业研发投入达 799 亿欧元，占国内 GDP 的 2. 85%，其中 67. 1%来自企业界。德国的西门子、戴姆勒—奔驰、拜耳、大众等世界闻名的企业均设有研究院，企业的研发投入可以直接进入研发领域，有效促进了创新成果不断涌现。其次，科研机构主要承担知识创新的引领作用。大学与科研院所通过与中小企业联合成立研究机构，降低研发成本，实现创新资源共享。再次，政府和市场在创新体系中严格发挥好各自的功能，互不错位。德国的国家创新体系是以市场配置创新资源为中心，法律严格要求政府在不干预市场发挥作用的前提下，强调政府在国家创新规划、法律保障体系、科技公共服务体系、支持科研机构发展等环境建设方面发挥主导作用。市场配置创新资源铸就了企业的创新主体地位，政府通过帮扶企业创新、打造企业创新联盟、吸引科研人才等具体措施，鼓励科研院所创新源溢出，推动科研创新成果高产出，促进创新成果产业化，最终形成了以企业为主体，科研院所发挥知识创新源头，政府与市场互补短板的国家创新体系。在德国的创新体系中，政府与市场互不错位、及时补位的经验值得中国在构建创新体系的进程中重点借鉴。

（二）英国：以创新规划和定期监测引导企业创新

创新驱动型经济的概念最早在 1998 年的《英国创新驱动型经济报告》中

提出：创新驱动型经济是企业将人才、技术和知识进行整合，为获得财富和利润所做的生产行为。英国自1993年以来颁布了一系列科技创新规划，将促进技术创新和成果产业化上升为国家战略，通过制定中长期规划和严格的创新监测体系，从宏观规划和微观举措两个维度双管齐下，提高国家的创新能力。

1. 建立中长期创新规划，引导提升国家创新能力

自1980年以来，英国颁布了一系列政策措施，力图在进一步发挥基础研究优势的基础上，提升应用研究和成果产业化水平，快速提高英国的创新能力。1993年，英国政府颁布了《实现我们的潜力——科学、工程和技术战略》，研究分析了英国创新能力的短板及应采取的政策措施，提出了增大企业科研投入、加强产学研合作和建立科研院所评估体系等具体举措。自此英国将快速推动成果产业化上升为国家战略。2004年，英国政府首次颁布了国家创新发展的中长期战略：《科学与创新投资框架（2004—2014）》，给予科研创新持续性的政策引导和长期的经费支持。2008年，英国政府颁布《创新国家》的战略规划，首次提出建设“创新型国家”的发展目标，为推动技术创新转化成国家竞争力提出长期的规划引导。综合来看，英国的创新驱动战略是在政府的规划引领下，持续研究分析国家创新发展能力的现状和短板，制定出符合国家创新现状的发展规划。其创新规划的特点是：将以往短期规划改变为长期规划，使政策更具有连续性和一致性；国家统一规划，各行政区协调统筹创新资源；更加针对成果产业化的短板，通过增强产学研合作和经费支持，及时补齐短板。

2. 制定科学的指标体系，持续监测国家创新水平

在长期规划的宏观指导下，英国制定了科学的指标监测体系，以定期发布年度创新调查和创新报告的形式，对国家的创新水平进行实时监测。该指标体系包含R&D经费投入金额、创新活跃的企业数量、专利授权量、风险投资金额等指标。通过这些指标对英国的创新水平进行跟踪调查和研究，分析国家创新水平的变化并及时寻找短板。例如2007年的《英国创新动态（2002—2006）》，分析和监测了英国创新水平和政府创新战略实施的进展、2008年的《英国年度创新报告（2008）》从科学研究、知识创新和创新合作等方面对英国创新水平定量测度。这些基于创新普查报告的数据得出的发展报告，动态地展现了英国的科技创新水平和政府创新战略实施的进展，见表2-2。

表 2-2 英国创新驱动战略相关战略与政策

时间	名称	内容及意义	属性
1993 年	《实现我们的潜力——科学、工程和技术战略》	研究英国创新能力及政策措施，将快速推动成果产业化上升为国策	国家战略规划
2004 年	《科学与创新投资框架（2004—2014）》	首个国家科技发展中长期规划，明确了打造创新策源地的目标	国家战略规划
2008 年	《创新国家》	首次提出建设“创新国家”目标，制定长期的创新投入经费政策	国家战略规划
2002 年	《英国创新调查（2001）》	监测和调查 2001 年度英国创新投入和产出水平	国家科技报告
2006 年	《英国创新调查（2005）》	监测和调查 2005 年度英国创新投入和产出水平	国家科技报告
2007 年	《英国创新动态（2002—2006）》	分析和监测英国创新水平和政府创新战略实施的进展	国家科技报告
2008 年	《英国年度创新报告（2008）》	从科学研究、知识创新和创新合作等方面对英国创新水平定量测度	国家科技报告

资料来源：根据公开资料整理。

（三）美国硅谷：以优化创新环境来保障企业创新

美国“硅谷模式”是以企业为主体，政产学研高度密集合作的高科技创新创业生态体系。目前，在硅谷创办的电子企业已达上万家，汇集了惠普、英特尔、苹果等世界知名高新技术企业。其半导体集成电路产量占全美的 1/3，电子计算机产品产量约占全美的 1/6。硅谷模式已经成为全球竞相模仿的成功范例。其成功经验主要有以下几个方面。

1. 坚实雄厚的科研基础助力企业创新

硅谷地区拥有的科研基础根源于第二次世界大战时期。当时，国家的军事经费给予斯坦福等大学的实验室充足的资金支持，硅谷地区的军工行业得以发展。在国家科研经费的支持下，一批大学和研究机构逐渐发展成为世界知名学府，成为硅谷企业进行技术创新的原动力。

2. 开放包容的社会环境助力创新创业

美国在发展的过程中形成了开放包容的社会环境，十分有利于激发人们创新创业的热情。创新创业是极具风险的过程，美国社会崇尚自由与民主的国家精神，使得人们可以自由追求个人梦想，不需要考虑社会环境是否会阻碍个人理想的实现。人们普遍认为创业是备受尊敬的职业选择，社会和舆论媒体都十分支持创新创业，成功的创业者会具有较高的社会地位。同时，美国将创新创业的文化及相关课程融入国家教育体系中，斯坦福等知名学府开设了专门的创业教育培训课程，扶持大学生创新创业。美国社会这种包容失败、鼓励冒险的创新创业文化激励着硅谷地区创新创业活动的蓬勃开展。

3. 灵活多元的市场机制给予资金支持

在相对完善和先进的信用保障体系上建立起的市场机制，有效地促进了硅谷企业的创新创业。初创企业具有规模小、信用低、风险高等特点。但硅谷雄厚的科研基础和完善的市场环境给予风险投资企业充分的信心。目前，硅谷的创新创业的市场化融资渠道主要包括风险投资、信用担保和纳斯达克的创业板上市等途径。

4. 透明有效的政府监管给予制度保障

政府通过制度严格的法律制度保护创新成果的产权，维护市场秩序。20世纪60年代，美国公开征求民众意见，制定了《中小企业创新法》《联邦技术转移法》等多部以产权保护制度为核心、支持中小企业创新的法律，在实施的过程中严格加强监督，已经在全社会形成了鼓励创新、保护创新、尊重创新的社会环境。同时，政府以法律的形式对政府创新资助经费的比例做出明确公开的规定。近年来美国的R&D经费占国家财政支出的比例一直保持在2.6%左右，通过政府资助和信用贷款等方式支持创新成果的产业化。

（四）日本筑波：以引入市场机制来激活企业创新

日本的筑波科学城是世界著名的科学研究中心，更是日本知识创新的策源地。日本政府在科学城内建立起以筑波大学为中心，众多科研院所与产业相互关联的创新共同体。将筑波科学城打造成为综合性研究都市、创新成果溢出的高地。

1. 政府主导打造科研创新中心

1996年，日本的《科学技术基本规划》中，提出筑波科学城以信息、研究、交流为主要功能。早期规划是将产学住等功能结合起来，利用完善的基础设施、优越的科研条件和优雅的生态环境凝聚大批日本顶尖的科研人员和创新要素。到2016年10月，筑波科学城拥有4位诺贝尔奖获得者，集聚了300余家科研机构，其中包括31家代表全日本最尖端科研水平的国家级科研机构，研究范围涉及包括教育、建筑、物理科学、生物、农业、环境、安全等领域的基础研究和应用研究。

2. 市场机制缺失导致科学城发展受到制约

由政府完全主导的筑波模式存在着明显弊端。首先，科学城以国家级研究机构为主体，享受政府的财政拨款，缺乏创新激励机制，科研成果投入产出呈现规模不经济。其次，研究机构、企业、市场没有形成产学研生态链，政府往往不能及时把握市场动向，导致研究成果转化率较低。再次，由于中央政府与地方政府发展目标不一致，科研成果往往不能应用到地方发展中。最后，官僚主义思想也是限制科研人员创新发展的因素。

3. 转型发展激发科研创新活力

在意识到政府主导的弊端后，筑波科学城引入市场机制，通过推进机构市场化、设立风投基金和风投企业等方式，促进科技成果由在“体制内”流转向“体制外”流转转变，消除了国有科研机构的制度惰性。政府将原来的主导者角色转化为支持者，扶持大学和科研机构成立科技中介机构——技术许可组织，接受大学及研究者以个人委托方式申请专利，支持其进行技术营销和技术转移。扶持企业在筑波科学城内设立研究中心，促进其技术市场化，科研机构和企业拥有了更多的自主权和积极性。

（五）小结

通过分析德国、英国、美国硅谷和日本筑波等世界著名创新型国家或地区实现创新驱动经济发展的进程，本书得出以下几点可借鉴的经验。

第一，构建以企业为主体，政府与市场互不错位的创新体系。企业能够及时把握市场需求动向，自觉地加强技术创新以提高生产率，降低生产成本。因此要充分发挥企业在创新体系中的主导地位，政府以搭建创新平台、提供经费支持和构建有利于培育创新能力的制度环境、文化环境、社会氛围为主要功能，不干预市场配置创新资源。这样的创新体系可以保障创新要素的高效配置和创新成果的高效产出。

第二，要提高创新主体的创新能力和协同创新能力，培育转型发展的源动力。提高企业的技术创新能力、高等院校的知识创新能力、科研院所的技术研发能力以及高新技术产业的技术转化能力。各创新主体具有各自的相对优势，应在知识创新—技术研发—成果转化—产业化这条创新链条上形成明确的创新分工，促进政产学研各主体的紧密合作，形成协同创新能力，实现创新成果的高效产出和产业化。

第三，制定长效的创新规划和创新监测体系。英国突出的创新能力很大程度上是由于政府制定了长期的创新发展规划和历届政府都能坚持落实的创新目标，同时通过设立科学的创新发展指标体系，定期对英国的创新水平进行评价和监测，及时采取有效措施对创新能力的薄弱环节补齐短板，这些经验值得我们在实施创新驱动战略的进程中加以学习和借鉴。

第四，优化创新环境和完善制度保障机制。美国硅谷是创新成果高效产出的典范，分析其成功的关键在于形成了良好的创新氛围、稳固的创新基础和完善的制度保障。首先，美国人具有敢于冒险、包容失败、尊重科学、勇于创新的社会文化；其次，在这种文化氛围下，大量科研院所和科研企业在硅谷集聚，形成创新产出的基础；最后，政府制定严格的知识产权保护制度，以法律形式对经费支出等创新投入方面的内容做出明确规定，并加强执法力度，使创新产出得到最大限度的保护，激励着科研人员去创新。

第三章

模型构建与指标选取

一、构建原则

本书的研究评价指标体系的构建遵循了以下原则。

第一，客观性。所选指标能客观反映企业发展水平，对企业发展指数测度不带有任何主观色彩与倾向，以期得到客观公正的结论。

第二，系统性。所选指标能构成一个完整的体系，能反映企业综合发展水平，且体系内各指标间紧密相连，相互影响或支撑，有严谨的逻辑结构。

第三，代表性。所选指标必须紧扣企业实力、活力和创新力，能反映企业发展中最关键、最重要的因素，且要求精炼、简洁，剔除冗余。

第四，可得性。所选指标必须能够获得完整的大数据或统计数据，能准确反映京津冀企业发展现实，也便于进行对比分析。

二、研究思路

创新是区域或企业竞争的较高阶段，随着新一轮产业革命和科技革命的兴起，新技术、新产业、新业态、新经济层出不穷，科技与经济社会融合发展的趋势逐步加深。科技创新已成为促进区域经济发展和加快经济转型升级的主要驱动力，是形成区域核心竞争力和财富积累的重要源泉，也是摆脱经济复苏乏力和拓展发展新边界的必然选择，这些都正在逐渐且深刻地改变世界发展格局。企业作为国民经济的基本“细胞”，是区域及国家创新的主力军，企业科技创新已成为引领国际经济社会及科技进步的核心力量。但企业要想实现创新发展，较强的综合发展是基本前提和根本动力。创新是一个高投入、高风险的创造过程，缺少良好的发展能力作为支撑，企业创新活动将无以为继。因此，本书在对京津冀企业创新能力展开研究的同时，首先就京津冀企业总体发展能力进行了系统研究，弄清该区域内企业总体的发展态势，找到制约京津冀企业发展的关键因素，以此探寻出更具针对性、更加合理有效的企业发展政策，为进一步提升京津冀企业创新能力打下基础。

基于此，本书从两个维度，构建了不同的指标体系，对京津冀企业创新能力进行研究：一是重点就京津冀企业综合发展能力进行评估。基于全样本的企业大数据，将京津冀45个市、区作为研究对象，从指数评价和趋势分析两个角度展开研究，构建包括“企业实力—企业活力—企业创新力”三个层面的指标分析体系，一方面摸清京津冀内部不同区域企业发展能力，另一方面找到不同地区企业发展的优势及短板，发现影响企业创新能力的环境因素，并为下一步提升京津冀企业创新能力找到切入点和着力点。二是针对京津冀企业创新能力进行系统分析及评价。将企业大数据与统计数据结合，构建基于“创新投入—创新产出—创新环境”三个层面的评价指标体系，一方面从指数评价的角度，对京津冀区域内部企业创新能力进行评价，同时把京津冀与长三角、珠三角等重点城市群进行比较，从而更加合理、全面地反映京津冀企业创新能力的现状及水平。另一方面从行业判断、产业发展的角度出发，聚焦“企业创新力”指标层面，对京津冀45个市、区企业创新在不同行业的发展趋势及现状水平进行梳理，同时运用耦合机制原理，对京津冀企业创新能力与产业结构升级相互作用程度进行分析研究，并得出基本结论。见图3-1。

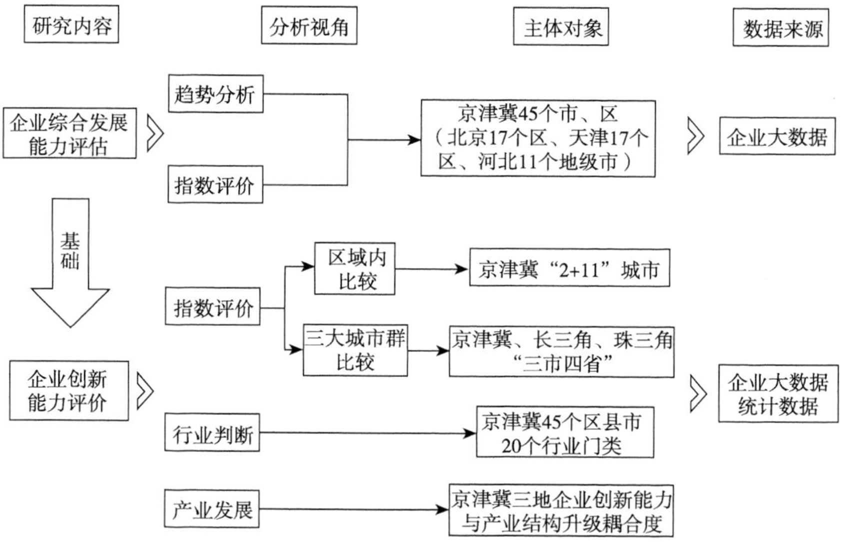

图3-1 模型分析思路

三、指标体系

（一）京津冀企业综合发展能力研究

企业综合发展能力是企业持续发展和提升未来价值的源泉，对企业发展能力的分析与评价是政府加强宏观调控、提高企业竞争力的重要基础。本书对京津冀企业发展能力的分析将区域发展的基本诉求作为研究京津冀企业创新能力的基本前提，从企业实力、企业活力、企业创新力三个方面构建指标分析体系。

1. 企业实力

企业实力是企业竞争力的集中体现，是区域发展的基础和支撑。从发展阶段来看，一个区域的发展需要有与其发展阶段相适应的主导产业及产业链上、中、下游相关企业的相互配合，如区域发展初级阶段所依赖的是劳动力密集型产业及劳动力密集型企业（依靠廉价劳动力等要素成为世界制造中心），区域发展中级阶段所依赖的是技术和资金密集型产业及技术密集型企业和资金密集型企业（依靠技术和资金的有机结合成为世界创造中心），区域发展高级阶段需要具有创新性思想而形成的高智力产业，如金融业及其企业、高技术产业及其企业。在资源禀赋方面，区域资源禀赋与其企业类型的匹配度高，企业发展就能拥有一个良好环境，这样企业发展得好、区域也能发展得好。企业实力是区域发展的基础和支撑，没有企业实力来支撑，区域发展就是空中楼阁。区域企业实力的大小决定了某区域在更大区域中所处的地位和威望，可以衡量的指标有注册资本总额、总产值、存续企业数量、存续商标数量等。

2. 企业活力

企业活力体现了企业发展的可持续性，是区域发展的源泉。活力决定未来，没有活力的企业是没有未来的，一家企业如果固守现有的状况，即使企业现在实力再强大也是没有用的，如胶片行业的柯达、小灵通行业的 UT 斯达康，最后不可避免走向灭亡。如果一个区域内其企业活力都不高，那么会直接影响这个区域未来的发展，使得这个区域缺乏发展的源泉，如当前东北老工业基地就是面临这个问题。因此，一个区域想要实现快速可持续发展，就必须能够适应不断变化的国际、国内、行业和技术等环境，其前提是必须保持一定的企业活力。

3. 企业创新力

企业创新力的高低决定和影响企业自身及区域发展的未来。创新是区域或企业竞争的最高阶段，从创新链（创新性思想→产品设计、研发→装备及生产线制造→产品制造→零部件制造→原材料提供）来看，掌握高端环节的区域或企业很少，这意味着竞争对手少，如美国的高科技产业和金融业，其收益率就高，所能支付给员工工资就高，这种区域或国家就发达；所处阶段越低，掌握这种技术的区域或企业就越多，其收益率就必然低，其能所支付给员工的工资就低，这种国家就是发展中国家。可见企业创新力的高低决定和影响了区域的未来，是区域获取持续竞争力的重要源泉。

综上所述，我们得出，考察一个区域企业综合发展能力不仅需要看其企业实力，还得看其企业活力，更要看其企业可持续的创新能力。本书用三个维度（实力、活力、创新力）来测度京津冀企业发展水平：在企业实力方面，它是企业潜力及创新力的基础，本书采用了存续企业数量、存续商标数量、注册资本总额三个指标加以衡量。在企业活力方面，企业的未来发展需要可持续性，并能不断增强实力、添加动力，为企业创新力提供支持，本书设计了新增企业数量、对外投资金额、现代服务企业数占企业总数比重、民营企业数占企业总数比重、外资企业数占企业总数比重五个指标加以衡量。在企业创新力方面，能够为增强企业实力提供技术支持，并促进企业潜力更大程度地发挥出来，本书设计了新增专利数、新增商标注册数、三项专利数、高新技术企业数占企业总数比重四个指标加以衡量。因此，企业实力、活力和创新力是相互促进、共同提升的。见图 3-2，表 3-1。

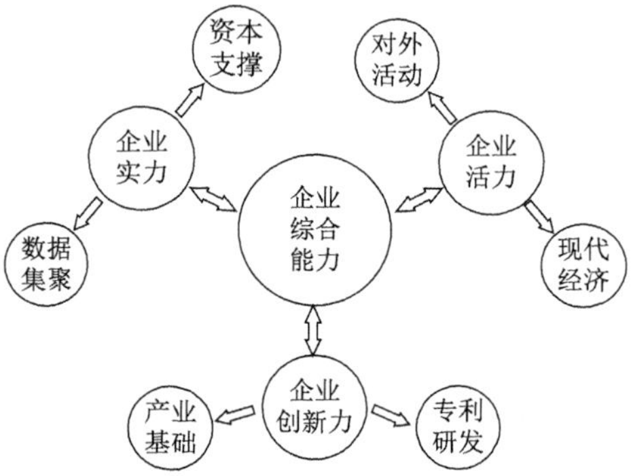

图 3-2　京津冀企业综合发展能力模型构建与指标体系关系图

表 3-1　京津冀企业综合发展能力评价指标体系

二级指标	三级指标
企业实力	存续企业数量（个）
	存续商标数量（个）
	注册资本总额（亿元）

续表

二级指标	三级指标
企业活力	新增企业数量（个）
	对外投资金额（亿元）
	现代服务企业数占企业总数比重
	民营企业数占企业总数比重
	外资企业数占企业总数比重
企业创新力	新增专利数（项）
	新增商标注册数（项）
	三项专利数（项）
	高新技术企业数占企业总数比重

（二）京津冀企业创新能力研究

创新包含理论创新、制度创新、科技创新、文化创新等方面。其中科技创新是企业发展的源动力，是企业革新的转折点，是我国众多学者研究企业创新能力的重点。科技创新的相关指标可获取性高，便于进行量化研究。本书对京津冀企业创新能力的测度，将重点研究科技创新，而非对理论、组织形式、发展业态、发展模式等方面的创新。在科技创新方面，创新投入、创新产出、创新环境是企业创新的三个核心要素。其中创新投入、创新产出是直接反映企业创新能力高低的关键内容，创新环境则是间接影响企业创新能力的重要外部因素。本书拟从创新投入、创新产出、创新环境 3 个维度对京津冀企业创新能力进行分析。

1. 创新投入

创新是一种高投入的活动，往往需要调动企业大量的资源，包括财力、物力、人力等，没有资源的投入，创新根本无从谈起。创新投入能力是从创新资金投入和创新人员投入两个方面来衡量。创新资金投入包括研发经费投入和非研发经费投入，所以用研发经费投入强度和非研发经费投入强度来考察；创新人员投入以研发人员投入强度来考察。企业投入的研发费用、研发人员等将直接影响企业的自主创新能力。目前，各类研究中普遍以 R&D 的相关指标作为衡量创新投入能力的重要因素。R&D（研究与开发）指在科学技术领域，为增加知识总量，以及运用这些知识去创造新的应用而进行的系统的、创造性的活动，R&D是个体本身所投入的研发，委托开发或专利技术购买都不属于R&D的范畴，所以R&D的相关指标可以很好地衡量科技投入强度、自主创新能力的高低，同时，R&D的相关数据具有较强的可获得性和准确性。通常选用的指标包括：R&D经费支出、R&D人员数量、R&D投入强度、有R&D活动的企业数等。

2. 创新产出

创新从某种程度上说是一种冒险，即开辟创造新的领域，做别人没有做过的事情，所以创新往往具有较高的风险和失败率。对于企业而言，创新活动的失败会产生一定的负面影响，在财力、人力等方面遭受不小的损失。因此，企业创新产出水平是影响企业自主创新能力的重要因素之一。即便一个企业十分重视创新，对创新投入能力很强，但是创新产出能力低下，长此以往，企业的创新将难以为继。反映企业创新产出能力的因素突出表现在专利和新产品两个方面。专利是企业拥有自主知识产权的象征，如今，国内企业越来越重视知识产权的保护，但国内企业无论在申请专利的质量上还是数量上都与国外企业有较大差距。企业拥有更多的专利，就能更加主动地拥有和掌握市场。自主创新产品是反映企业将新产品开发和成果转化成效益的能力，开发独特的产品、形成核心技术竞争力的关键。新产品的市场接受程度高，说明企业产出能力强；相反，新产品不被市场认可，说明企业的产出能力弱。因此，新产品和专利是衡量创新产出能力的重要标志。

3. 创新环境

创新环境是推进企业自主创新形成的相应的内外部社会环境，即所在地域的自主创新的文化氛围、经济发展程度、政策支持力度等对于企业开展自主创新活动有很大影响，主要影响因素是企业所在地域信息化水平、市场竞争程度以及政府金融环境等。目前，针对创新环境的研究，主要从政府扶植力度、金融机构扶植力度以及如高校、科研机构等微观主体的发展情况等方面加以衡量，但往往存在体系过于复杂和指标获取困难等问题，其中科技支出占一般性财政支出的比重这一指标被广泛运用，且具有较强的可获得性。

基于上述论证分析，本研究主要将从“创新投入—创新产出—创新环境”三个层面选取了相应指标构建分析模型，见图3-3。在数据来源上将企业大数据与统计数据相结合，遵循易获性等原则，在创新投入方面选取：有R&D活动企业数、企业R&D人员折合全时当量、企业R&D经费投入强度、企业

R&D 经费内部支出、企业 R&D 项目数；在创新产出方面选取的指标包括：企业专利申请数、企业发明专利数、企业新产品开发项目数、企业新产品销售收入；在创新环境方面选取的指标包括：地区 R&D 经费投入强度、科技支出/一般性财政支出、地区高新技术企业占比、地区科学研究和技术服务业企业数占比、人均地区生产总值等。同时为了增强可比性，使得测算结果更加贴近现实，更为可靠合理，在构建指标体系过程中将多数指标进行均值化处理，即考察地区平均企业 R&D 经费内部支出等，具体指标体系见图 3-3，表 3-2。

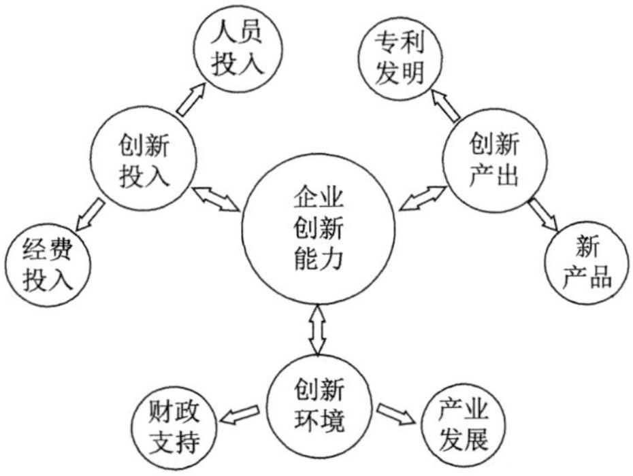

图 3-3　京津冀企业创新能力模型构建与指标体系关系图

表 3-2　企业创新能力评价指标体系

一级指标	二级指标	处理方式
创新投入	有 R&D 活动企业平均数	有 R&D 活动企业数/地区企业总量
	企业平均 R&D 人员折合全时当量	企业 R&D 人员折合全时当量/地区企业就业总人数
	企业 R&D 经费投入强度	企业 R&D 经费投入强度
	企业平均 R&D 经费内部支出	企业 R&D 经费内部支出/地区企业总量
	企业平均 R&D 项目数	企业 R&D 项目数/地区企业总量
创新产出	企业平均专利申请数	企业专利申请数/地区企业总量
	企业平均发明专利数	企业发明专利数/地区企业总量
	企业平均新增专利数量	企业新增专利数量/地区企业总量
	企业平均三项专利数	企业三项专利数/地区企业总量
	企业平均新产品开发项目数	企业新产品开发项目数/地区企业总量
	企业平均新产品销售收入	企业新产品销售收入/地区企业总量

续表

一级指标	二级指标	处理方式
创新环境	地区 R&D 经费投入强度	地区 R&D 经费投入强度
	科技支出占比	科技支出/一般性财政支出
	高新技术企业占比	高新技术企业数/地区企业总量
	科学研究和技术服务业企业占比	科学研究和技术服务业企业数/地区企业总量
	人均地区生产总值	人均地区生产总值

四、研究方法与测度模型

由于本书选取的研究视角多样化，涉及的对象及采用的样本数据也较为复杂。因此为了使研究成果更为科学和系统，针对不同的研究内容，本书采用了不同的研究方法，并构建了不同的研究模型，其要包括三种：一是在京津冀企业发展综合能力以及京津冀区域内和三大城市群间就企业创新能力进行测度评价中，主要运用指数分析的方法，选取熵值法进行测算。为了更加全面、客观地反映京津冀企业创新能力发展的现状与水平，本书从不同的主体出发，围绕构建的指标体系有针对性地选取相应的数据指标进行测算。二是在行业判断研究上，采用简单统计分析方法。由于行业研究过程中涉及了京津冀三地及 9 个重点地区，20 个行业在企业创新维度下的发展状况，其中包含维度较多，且主体数量较大，为了使得研究结果更加清晰，能够反映出具体问题，因此在该部分研究方面主要进行简单的数据分析统计，直观、有效地进行研究。三是在产业发展研究上，选取耦合为研究视角及方法。为了增强企业创新能力研究的目标性导向，本书围绕实现产业结构升级的具体目标，将京津冀企业创新能力与产业结构升级二者作为整体，对两个系统耦合程度进行测算，更加全面地反映京津冀企业创新能力对于地区发展的现状及突出作用。

（一）指数评价模型

熵（Entropy）的概念起源于经典热力学理论，1923 年，我国物理学家胡刚教授将“Entropy”首次命名为“熵”。1948 年，熵的概念被香农（Shannon）引入到了信息论当中，香农将信息源信号的不确定性称为信息熵，把消除不确定性的程度称为信息。熵值越小，信息量越大，不确定性就越小，不可用程度越低；熵值越大，则信息量越小，不确定性也越大，不可用程度越高。

熵值法的核心是确定各指标数据的差异性，此研究方法对客观数据的准确性与完整性要求很高，因此，在用熵值法进行评价时必须要有完整的样本数据，否则就无法根据各指标数据所反映的信息差异确定其熵值。熵值法通过突出局部差异来确定指标权重，进而计算各样本综合得分，熵值是一个相对的数值，因此，熵值法适用于多指标的相对评价。熵值法的权重确定是完全根据各指标数据的实际情况确定的，避免了主观因素的掺杂，因此可以较客观地确定各指标的权重，使评价的基础较为科学。

在构建指标体系对京津冀企业创新能力进行评价过程中，权重的确定是研究及决策中最基本的问题。从现有的研究成果来看，常用的赋权方法有主观赋权和客观赋权法。其中主观赋权法有二元对比排序法、专家评判法、层次分析法等；客观赋权法有主成分分析法、因子分析法、熵值法、变异系数法、复相关系数法、组合权数法等。综合各种方法及现有数据条件等因素，本书最终选择采用熵值法确定各指标的权重，具体步骤如下。

（1）数据标准化处理：由于各项指标的计量单位不统一，因此在用它们计算综合指标前，我们先要对它们进行标准化处理，将指标的绝对值转化为相对值，从而解决不同质指标的同质化问题。因为本书的指标选择均为正向化指标，因此，不用进行调整。

$$\text{正向指标 } X'_{ij} = \frac{X_{ij} - \min\{X_j\}}{\max\{X_j\} - \min\{X_j\}}$$

$$\text{负向指标 } X'_{ij} = \frac{\max\{X_j\} - X_{ij}}{\max\{X_j\} - \min\{X_j\}}$$

（2）计算第 i 年份第 j 项指标值的比重：

$$Y_{ij} = \frac{X'_{ij}}{\sum_{i=1}^{m} X'_{ij}}$$

（3）计算指标信息熵：

$$e_j = -k\sum_{i=1}^{m}(Y_{ij} \times \ln Y_{ij})$$

（4）计算信息熵冗余度：

$$d_j = 1 - e_j$$

（5）计算指标权重：

$$W_i = d_j / \sum_{j=1}^{n} d_j$$

（6）计算单指标评价得分：

$$S_{ij} = W_i \times X'_{ij}$$

式中：X_{ij} 表示第 i 个年份第 j 项评价指标的数值，min $\{X_j\}$ 和 max $\{X_j\}$ 分别为所有年份中第 j 项评价指标的最小值和最大值，$k = 1/\ln m$，其中 m 为评价年数，n 为指标数。

（二）“三度”融合计量测度模型

1. 联系度模型

城市群内部各方的密切联系是实现协同发展的重要基础，本书从总体区际联系度、交通联系度和资金联系度三个方面对京津冀区际的联系度进行了测度，其中引力模型用于分析总体区际联系度，交通联系量模型用于分析交通联系度。

（1）引力模型。引力模型是基于牛顿万有引力公式衍生出来的用于衡量两个区域间空间经济相互作用力大小的模型，可以对城市间的空间联系强度进行定量计算，刻画城市体系的空间联系状态和结节区结构，在一定程度上可反映城市群内部各城市间的经济辐射与经济联系情况。

$$R_{ij} = (\sqrt{P_i * V_i} * \sqrt{P_j * V_j}) / D_{ij}^2$$

其中，R_{ij} 表示城市 i 与城市 j 之间的经济联系强度；D_{ij} 表示城市 i 与城市 j 之间公路运营距离；P_i、P_j 表示城市 i 和城市 j 的年末常住人口；V_i、V_j 表示城市 i 和城市 j 的地区生产总值。

（2）交通联系量模型。密切的交通联系是城市间联系度较强的重要表现，本书借鉴阎东彬、丁波、陈雪（2017）① 在衡量城市群内部交通流强度时所采用交通联系量模型，通过中国铁路客户服务中心官网搜集京津冀各城市间每日高铁（C/G 开头）、动车（D 开头）、普通火车（K/T/Z/开头、其他）的班次数，对其进行加权处理来计算区域交通联系量。

$$T_{ij} = G_{ij} + 5/6 D_{ij} + 2/5 K_{ij}$$

---

① 阎东彬，丁波，陈雪．基于要素流的京津冀城市群空间布局研究［J］．经济研究参考，2017（08）：31-40.

$$E_{ij} = (T_{ij} + T_{ji}) / 2$$

$$E_i = \sum_{j=1} E_{ij}$$

其中，G 表示高铁、D 表示动车、K 表示普通货车；T_{ij} 表示城市 i 到城市 j 的交通联系量，T_{ji} 表示城市 j 到城市 i 的交通联系量；E_{ij} 表示城市 i 和城市 j 间交通联系量的均值；E_i 表示城市 i 交通联系总量。根据各类列车的时速（普通火车：120km/h；动车：250km/h；高铁 300km/h）来确定权重，规定高铁权重为 1，则动车权重为 5/6，普通火车权重为 2/5。

2. 均衡度模型

城市群内部各方差距的相对可控是城市群内部各方发展水平较为均衡的重要表现，而这种均衡体现在方方面面，本书分别选用人均 GDP、城镇居民人均可支配收入和农村居民人均可支配收入、每万人拥有授权三项专利数量、每万人医疗机构床位数、每十万人口高等学校平均在校生数等指标（均为人均指标），从经济、居民生活、创新、医疗、教育 5 个层面对京津冀协同发展的均衡度进行测度。借鉴覃成林、张华、张技辉（2011）衡量区域发展差距时所运用的人口加权变异系数法反映京津冀在各方面的总体均衡度及变化趋势①，运用比值法（最大值与最小值之比）反映京津之间、京冀之间、津冀之间各方面的均衡度及变化趋势。运用如下公式计算京津冀“2+11”② 各指标的人口加权变异系数来衡量总体差距，系数越大则表明差距越大；反之则表示差距越小，即区域内部各方发展水平相对均衡。

$$CV = \sqrt{\sum_{i=1}^{n} (\bar{x} - x_i)^2 p_i / p} / \bar{x}$$

其中，$\bar{x}$ 为区域某指标的均值，x_i 为区域内第 i 个城市的该指标，p 为区域总人口，p_i 为区域内第 i 个城市的人口。

3. 融合度模型

明确的分工与密切的合作是城市群内部各城市实现融合发展的重要表现，本书运用存续企业注册资本总额区位商反映京津冀三地分工情况，运用联合专利申请及授权数据反映京津冀三地合作情况。其中，在分工方面，选取龙

① 覃成林，张华，张技辉．中国区域发展不平衡的新趋势及成因——基于人口加权变异系数的测度及其空间和产业二重分解［J］．中国工业经济，2011（10）：37-45.

② 京津冀“2+11”指北京市、天津市和河北省 11 个地级市。

信企业大数据中农林牧渔业、制造业及部分第三产业（金融业、批发和零售业、租赁和商务服务业、信息传输软件和信息技术服务业、科学研究和技术服务业）的存续企业注册资本总额计算京津冀三地区位商（*LQ*）。*LQ*>1 说明该行业具有优势，*LQ*<1 说明该行业优势相对不足。

$$LQ = (E_{ij}/E_i) / (E_j/E)$$

其中，E_{ij}、E_i、E_j、E 分别指 i 城市 j 产业、i 城市所有产业、京津冀 j 产业、京津冀所有产业的存续企业注册资本总额。

（三）创新扩散空间计量模型

1. 空间自相关检验模型

在研究区域创新系统内部创新扩散的空间效应中，需要检验各个区域之间的空间相关性。在空间计量经济学中，空间相关性的检验通常采用 *Moran I* 指数，其定义式如下：

$$MoranI = \frac{\sum_{i=1}^{n}\sum_{j=1}^{n} W_{ij}(X_i - X)(X_j - X)}{S^2 \sum_{i=1}^{n}\sum_{j=1}^{n} W_{ij}}$$

其中：$S^2 = \frac{1}{n}\sum_{i=1}^{n}(X_i - X)^2$，$X = \frac{1}{n}\sum_{i=1}^{n} X_i$。① *Moran I* 的指数范围是［-1，1］，指数大于 0 表示空间正相关，小于 0 表示空间负相关。正的绝对值越大相关程度越高，负的绝对值越大，空间差异越大。

2. 空间扩散效应回归模型

作为空间计量分析的基础和前提，选择正确空间权重矩阵是后期进行准确空间回归分析的重要保障。空间回归分析一般通过加入空间权重矩阵来反映空间各主体间各领域的关联性和依赖性。空间邻近权重矩阵认为两区域创新系统的相关性取决于地理位置的相邻性，但某个区域与其不相邻区域间也在一定程度上存在创新扩散效应。因此本书选取了地理距离权重矩阵进行研究：

$$W_{ij} = \begin{cases} 1/d^2 (i \neq j) \\ 0 (i = j) \end{cases}$$ ②

在解释变量与被解释变量选取方面，本书主要从创新研发投入、创新吸收转化投入和创新产出三方面进行研究，认为影响区域创新空间扩散效应的

---

① X_i 表示第 i 个区域创新系统的观察值，n 是区域创新系统总数，W_{ij} 是空间权重矩阵元素。

② 其中 d 为两区域创新系统中心位置之间的距离

关键在于创新主体的成果输出意愿与客体的接受意愿及接收转化能力。区域的创新空间扩散方面，需要创新策源地具备较强的创新能力、丰富的创新成果、较高的创新成果输出意愿、活跃的创新扩散中介机构及高效的创新成果输出机制。在创新策源地评估方面，本书采用了创新产出这一评价指标。在创新成果承接地评估方面，本书采用创新研发投入和创新吸收转化投入这两个评价指标，其中，创新研发投入反映承接地的研发实力，创新吸收转化投入反映承接地对其他区域创新成果的吸收转化能力。

我们在本书的研究中使用面板数据，需通过 F 检验、Hausman 检验来确定具体模型（固定效应模型、随机效应模型）。考虑到创新投入到产出的滞后期以及未考虑其他潜在解释变量，本书选取空间滞后模型（SLM 模型）和空间误差模型（SEM 模型）进行研究，构建了基于创新研发投入、创新吸收转化投入和创新产出三类变量的区域创新扩散函数。为了便于分析，我们对模型两侧取对数①：

（SLM 模型）：

$$\begin{aligned}\ln(yxfmzls_{i,t}) = {} & \rho W\ln(yxfmzls_{i,t}) + \beta_1\ln(xcpxssr_{i,t}) + \beta_2\ln(rdryzhqsdl_{i,t-j}) \\ & + \beta_3\ln(rdjfnbzc_{i,t-j}) + \beta_4\ln(xcpkfjfzc_{i,t-j}) + \beta_5\ln(yfjgs_{i,t-j}) \\ & + \beta_6\ln(jgry_{i,t-j}) + \beta_7\ln(jgjfzc_{i,t-j}) + \beta_8\ln(jsgzjfzc_{i,t-j}) \\ & + \beta_9\ln(yjjsjfzc_{i,t-j}) + \beta_{10}\ln(xhxsjfzc_{i,t-j}) + \beta_{11}\ln(gmgnjsjfzc_{i,t-j}) \\ & + \beta_{12}\ln(kjzjs_{i,t-j}) + \beta_{13}\ln(kjzjxzzb_{i,t-j}) + \beta_{14}\ln(jstgs_{i,t-j}) \\ & + \beta_{15}\ln(jstgqyxzzb_{i,t-j}) + \varepsilon_{i,t}\end{aligned}$$

（SEM 模型）：

$$\begin{aligned}\ln(yxfmzls_i) = {} & \alpha + \beta_1\ln(rdryzhqsdl_i) + \beta_2\ln(rdjfnbzc_i) + \beta_3\ln(xcpkfjfzc_i) \\ & + \beta_4\ln(xcpxssr_i) + \beta_5\ln(jsgzjfzc_i) + \beta_6\ln(yjjsjfzc_i) \\ & + \beta_7\ln(xhxsjfzc_i) + \beta_8\ln(gmgnjsjfzc_i) + \beta_9\ln(kjzjxzzb_i) \\ & + \beta_{10}\ln(jstgs_i) + \beta_{11}\ln(jstgqyxzzb_i) + \beta_{12}\ln(yfjgs_i) \\ & + \beta_{13}\ln(jgry_i) + \beta_{14}\ln(jgjfzc_i) + \varepsilon_i\end{aligned}$$

① 创新研发投入：*rdryzhqsdl* 为 R&D 人员折合全时当量、*rdjfnbzc* 为 R&D 经费内部支出、*xcpkfjfzc* 为新产品开发经费支出、*yfjgs* 为研发机构数、*jgry* 为机构人员数、*jgjfzc* 为机构经费支出；

创新吸收转化投入：*jsgzjfzc* 为技术改造经费支出、*yjjsjfzc* 为引进技术经费支出、*xhxsjfzc* 为消化吸收经费支出、*gmgnjsjfzc* 为购买国内技术经费支出、*kjzjs* 为科技中介企业数、*kjzjxzzb* 为科技中介新增资本、*jstgs* 为技术推广企业数、*jstgqyxzzb* 为技术推广企业新增资本；

创新产出：*yyfmzls* 有效发明专利数、*xcpxssr* 为新产品销售收入。

（四）耦合度测算模型

1. 系统耦合评价的指标体系

推动产业结构升级是京津冀地区经济持续健康发展的重要保障，也是京津冀建设世界级产业集群、打造世界级城市群的关键所在。从企业层面来看，企业创新能力的大小直接决定并影响了区域产业结构升级的进程及效率。耦合关系指两个事物之间存在一种相互作用、相互影响的关系，企业创新与产业结构升级存在耦合关系，表现在：企业依托创新实现的技术升级、效率提升、结构变革等必将带动产业结构的显著升级，同时产业结构的升级也将为企业创新提供更加有力的支撑。

因此，本书在针对产业发展进行研究的过程中，有别于其他部分研究方法，选取耦合作用为视角，在原有企业创新能力测算指标体系的基础上，立足于两个系统的耦合作用机理，在原有企业创新能力评价体系的基础上，构建产业结构升级评价系统，将二者作为整体进行研究，并以此对京津冀企业创新能力与产业结构升级进行系统分析，明确二者间的关系和作用程度，进而探寻从企业层面推动京津冀产业升级的合理路径，见图 3-4。

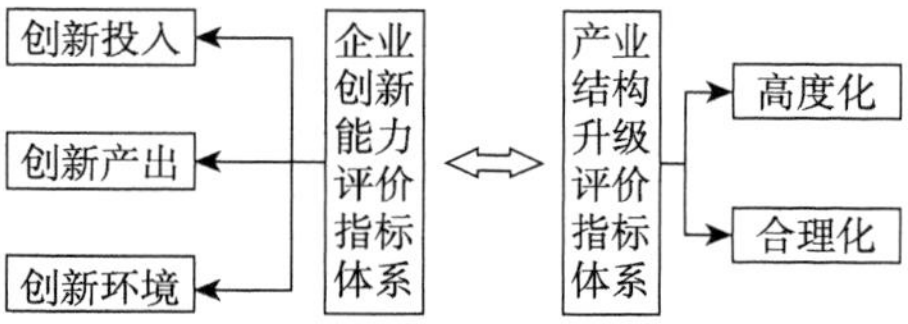

图 3-4　企业创新能力与产业结构升级耦合系统测度模型指标体系构建

在企业创新能力方面，沿用已构建的评价指标体系，即包括“创新投入—创新产出—创新环境”三个维度，结合研究分析需要选取 14 个相关指标构建了模型，见表 3-3。

在产业结构升级指标体系构建方面，本书从产业结构升级的基本原理和概念出发，构建了包括“高度化”和“合理化”两个维度的评价指标体系。

表 3-3　企业创新能力评价指标体系

一级指标	二级指标	三级指标
企业科技创新系统	创新投入	有 R&D 活动企业数占比（%）（x_1）
		企业平均 R&D 人员折合全时当量（人年）（x_2）
		企业 R&D 经费投入强度（%）（x_3）
		企业平均 R&D 经费内部支出（万元）（x_4）
		企业平均 R&D 项目数（个）（x_5）
	创新产出	企业平均专利申请数（个）（x_6）
		企业平均发明专利申请数（个）（x_7）
		企业平均新产品开发项目数（个）（x_8）
		企业平均新产品销售收入（万元）（x_9）
	创新环境	地区 R&D 经费投入强度（%）（x_{10}）
		科技支出占财政支出比重（%）（x_{11}）
		人均地区生产总值（元）（x_{12}）
		高新技术企业占比（%）（x_{13}）
		科学研究和技术服务业企业占比（%）（x_{14}）

关于产业结构高度化。产业结构的高度化是指产业结构随着经济的发展变化，按照产业结构演进的一般规律，不断向更高层次演进的过程。根据世界范围内产业结构的演进规律，产业结构高度化的一般方向为：高加工度化、知识技术密集化、产业结构软性化。一般说来，产业结构高度化的动因主要包括市场供求、制度环境两大因素。从市场供求来看，一方面是供给因素，即劳动力供给、自然资源的供给、物质资本的供给。以劳动力供给为例，劳动力资源的数量会决定劳动密集型产业的发展，劳动力资源的质量会决定知识密集型产业的发展。另一方面是需求因素，商品经济社会中，产品是决定一个产业得以存在和发展的基础。可以说，市场需求决定产业的存在价值，同时还决定着产业结构的进程和方向。从制度环境来看，产业结构作为一个系统，与其系统所处环境紧密相关。一般而言，在有关于产业发展的模型中，由于制度、政策与发展模式这类人为因素难以被量化，进而往往将其视为既定的外生变量，通过各种物质生产要素的变化来分析产业结构的变化。

关于产业结构合理化。产业结构合理化是指各种经济要素在产业内部进行合理地配置，且能够使产业内部产生转换和互补的和谐运动。产业合理化主要包括以下几方面的内容：产业间相对地位协调，即产业内部结构要有明显的层次性和等级性；产业各个部门间素质协调，即相关联的产业间技术应处于同一水平上，不存在技术断层；产业内部关系协调，即产业内部在投入产出联系的基础上要相互促进，某一产业的发展通过产业关联可以促进其他产业的建立与发展，而不是削弱其他产业的发展；产业各部门增长速度协调，即在产业结构优化升级的过程中，各个产业的增长速度不能有太大的差距，以免产生再生产过程中的结构性滞差；产业演进阶段协调，即产业结构的演进是按照一定的顺序来进行的。一个国家的产业结构是否合理，可以从以下几个方面去衡量判断：考察国民经济各部门是否协调发展，包括社会的生产、分配、交换和消费过程以及社会扩大再生产是否顺畅进行，这是判断产业结构合理化的首要标准；考察当前产业结构是否获得较高的结构收益，是否实现了人口、资源和环境的可持续发展。

基于上述分析，产业结构升级评价指标体系将包括产业结构高度化和产业结构合理化两个维度，同时本书结合京津冀区域产业发展的实际需求，选取了 12 个相关指标来分析，见表 3-4。且由于选取的指标中复合型指标较多，故对部分指标进行了解释说明。

表 3-4 产业结构升级评价指标体系

一级指标	二级指标	三级指标
产业结构升级系统	产业结构高度化	劳动生产率（%）（y_1）
		服务业超前系数（y_2）
		技术密集型集约化程度（%）（y_3）
		信息产业产值比重（%）（y_4）
		第三产业产值比重（%）（y_5）
		外贸依存度（%）（y_6）
	产业结构合理化	单位 GDP 能耗（吨标准煤/万元）（y_7）
		就业—产值偏离度（%）（y_8）
		二元对比系数（y_9）
		二氧化硫排放量（万吨）（y_{10}）
		废水排放总量（万吨）（y_{11}）
		固体废弃物综合利用率（%）（y_{12}）

（1）劳动生产率。指根据产品的价值量指标计算的平均每一个从业人员

在单位时间内的产品生产量。目前我国的全劳动生产率是将工业企业的工业增加值除以同一时期全部从业人员的平均人数来计算的。

（2）服务业超前系数。测定服务业产业结构增长相对于整个经济系统增长趋势的超前程度，根据其可判断产业结构的变动方向，其计算式为：

$$E_i = a_i + (a_i - 1) / R_t$$

式中，E_i 为第 i 部门的结构超前系数，a_i 为第 i 部门报告期所占份额与基期所占份额之比，R_t 为同期部门所在经济系统平均增长率，$R_t = [\ln(GDP\text{报告期}) - \ln(GDP\text{基期})]/n$，$n$ 为时段年份数，GDP 使用的是现价。E_i 大于 1，表示第 i 产业超前发展，所占份额出现上升趋势；E_i 小于 1，表示第 i 产业发展相对滞后，所占份额出现下降趋势。计算中均以报告期上一年作为基期。

（3）技术密集型集约化程度。指高技术产业收入在地区生产总值中的比例，反映地区产品的技术含量与附加值。

（4）外贸依存度。指地区进出口总额与地区生产总值之比，用以衡量贸易开放程度及出口竞争力。

（5）就业—产值偏离度。指三次产业就业结构与产值结构偏离数的绝对值之和，用以反映两者的差异程度。其计算公式为：

$$P = \left|\frac{L_1}{L} - \frac{G_1}{G}\right| + \left|\frac{L_2}{L} - \frac{G_2}{G}\right| + \left|\frac{L_3}{L} - \frac{G_3}{G}\right|$$

式中，P 为就业—产值偏离度；G 为地区生产总值；L 为就业总人数；G_1、G_2、G_3 分别为第一、第二、第三产业产值；L_1、L_2、L_3 分别为第一、第二、第三产业就业人数。

（6）单位 GDP 能耗。指一个地区在报告期内创造每万元生产总值所耗费的综合能源消费量，即地区能源消费总量与地区生产总值之比，用以衡量某地区平均耗能水平及资源利用状况。

（7）固体废物综合利用率。指固体废物综合利用量占固体废物产生量的百分率。

（8）二元对比系数。指第一产业比较劳动生产率与第二、第三产业比较劳动生产率的比率，用以衡量经济结构的二元性程度。该值越大，两部门的差别越小，反之则越大。其计算公式为：

$$R_1 = \frac{\left(\frac{\frac{G_1}{G}}{\frac{L_1}{L}}\right)}{\left(\frac{\frac{G_2}{G}}{\frac{L_2}{L}}\right)}$$

式中，R 为二元对比系数；G 为地区生产总值；L 为就业总人数；G_1 为第一产业产值，G_2 为第二、第三产业产值之和，；L_1 为第一产业就业人数，L_2 为第二、第三产业就业人数之和。

2. 系统耦合水平测度模型选取

对系统耦合水平测度的模型方法有许多，在模型选择上，下面将进行多方面综合比较分析。

假设 $x_0 = \{x_0(t), t=1, 2, 3, \cdots, T\}$ 为参考序列，$x_i = \{x_i(t), t=1, 2, 3, \cdots, T\}, i=1, 2, 3, \cdots, n$ 为比较序列，那么这 n 个比较序列 x_i 与参考序列 x_0 的关联度可以由以下方式来计算得出。

首先定义 $\Delta x_{0i}(t) = x_0(t) - x_i(t)$ 代表参考序列 x_0 与比较序列 x_i 在点 t 时的位移差，$\Delta x_j(t) = x_j(t) - x_j(t-1)$，$j=0, 1, 2, \cdots, n$ 为参考序列或比较序列 x_j 在点 t 时的一阶斜率（速度），$\Delta^2 x_j(t) = \Delta x_j(t) - \Delta x_j(t-1)$ 为参考序列或比较序列 x_j 在点 t 时的二阶斜率（加速度）。$|\Delta x_{0i}(t)|$ 越小，表明参考序列 x_0 与比较序列 x_i 在点 t 时的相近程度越大；$|\Delta x_0(t) - \Delta x_i(t)|$ 越小，表明参考序列 x_0 与比较序列 x_i 在点 t 时的发展速度相近程度越大；而 $|\Delta^2 x_0(t) - \Delta^2 x_i(t)|$ 越小，表明参考序列 x_0 与比较序列 x_i 在点 t 时的发展速度趋势相近程度越大。同理定义 $\Delta y_{0i}(t) = y_0(t) - y_i(t)$，$\Delta y_j(t) = y_j(t) - y_j(t-1)$ 与 $\Delta^2 y_j(t) = \Delta y_j(t) - \Delta y_j(t-1)$。典型的关联度量研究模型有以下四种。

（1）邓氏关联度：

$$\xi_i(t) = \frac{\min_i \min_t |\Delta x_{0i}(t)| + \rho \max_i \max_t |\Delta x_{0i}(t)|}{|\Delta x_{0i}(t)| + \rho \max_i \max_t |\Delta x_{0i}(t)|}$$

$$r_i = \frac{1}{T} \sum_{t=1}^{T} \xi_i(t)$$

$t=1, 2, 3, \cdots, T$，并且 $i=1, 2, 3, \cdots, n$，其中 ρ 为分辨系数，一般取值 0.5。

（2）绝对关联度：

$$y_j(t) = x_j(t) / x_j(1)$$

$$\xi_i(t) = \frac{1}{1 + |\Delta y_0(t) - \Delta y_i(t)|}$$

$$r_i = \frac{1}{T-1}\sum_{t=2}^{T}\xi_i(t)$$

$t = 2, 3, 4, \cdots, T$，并且 $i = 1, 2, 3, \cdots, n$。$j = 0, 1, 2, \cdots, n$。

（3）T 型关联度：

$$D_j = \frac{1}{T-1}\sum_{t=2}^{T}\Delta x_j(t)$$

$$y_j(t) = x_j(t) / D_j$$

$$\xi_i(t) = \begin{cases} \mathrm{sgn}(\Delta y_0(t) \cdot \Delta y_i(t)) \cdot \dfrac{\min\limits_i\{|\Delta y_0(t)|, |\Delta y_i(t)|\}}{\max\limits_i\{|\Delta y_0(t)|, |\Delta y_i(t)|\}} & \Delta y_0(t) \neq 0,\ \text{或者}\ \Delta y_i(t) \neq 0 \\ 1 & \Delta y_0(t) = 0,\ \Delta y_i(t) = 0 \end{cases}$$

$$r_i = \frac{1}{T-1}\sum_{t=2}^{T}\xi_i(t)$$

$t = 2, 3, 4, \cdots, T$，并且 $i = 1, 2, 3, \cdots, n$，$j = 0, 1, 2, \cdots, n$。

（4）改进关联度：

$$\beta_t = \arctan\frac{\Delta x_0(t) - \Delta x_i(t)}{1 + \Delta x_0(t) \cdot \Delta x_i(t)}$$

$$\xi_i(t) = \frac{1 - |\Delta x_{0i}(t)| / \sum_{k=1}^{T}|\Delta x_{0i}(k)|}{1 + \tan(\beta_t/2)}$$

$$r_i = \frac{1}{T-1}\sum_{t=2}^{T}\xi_i(t)$$

经过比较，上述四种模型在评价内容和方法效果等方面各有优劣。从评价内容来看，邓氏关联度主要是计算位移差，这样能够比较清晰地反映出不同序列发展过程或是量级的近似性；绝对关联度、T 型关联度及改进关联度模型主要利用速度差反映不同序列变化趋势的相近性；而 T 型关联度则能够反映正反相关关系。从方法效果来看，邓氏关联度算法完善性较好、计算量较小、r_i 离散度较小，在实际应用中效果较好；绝对关联度算法完善性好、计算量小、r_i 离散度小，在实际应用中效果较好；T 型关联度算法完善性一般、计算量较小、r_i 离散度大，在实际应用中效果较好；改进关联度算法完善性一般、计算量大、r_i 离散度小，在实际应用中效果较好。

结合本书研究的内容和模型评价的重点内容，本书最终选择以邓氏关联度为基础构建企业创新能力与产业结构升级系统耦合的定量测算模型。

3. 灰色关联度耦合模型构建

本书构建的灰色关联度耦合模型，其计算过程主要分为以下五步：

（1）确定分析序列。企业创新能力与产业升级耦合系统分析序列包括：企业创新能力的 n 个子系统序列组 $X_{\mathrm{i}}(t)$ ，$i=1, 2, 3, \cdots, n$ ；产业结构升级的 m 个子系统序列组 $Y_{\mathrm{j}}(t)$ ，$j=1, 2, 3, \cdots, m$ 。其中 t 代表年份，$t=1, 2, 3, \cdots, T$ 。

（2）数据无量纲化。采用极差标准化的方法对数据进行无量纲化处理。以企业创新能力的某子系统 $X_{\mathrm{i}}(t)$ 为例，其他类同：

$$X_{\mathrm{i}}'(t) = \frac{X_{\mathrm{i}}(t) - \min\limits_{t} X_{\mathrm{i}}(t)}{\max\limits_{t} X_{\mathrm{i}}(t) - \min\limits_{t} X_{\mathrm{i}}(t)}$$

（3）计算关联系数。关联系数是两个相比较的序列 X_{i} 、Y_{j} 在第 t 年份的相对差值，选择邓氏关联度计算关联系数。以企业创新能力的某子系统 $X_{\mathrm{i}}(t)$ 与产业结构升级的某子系统 $Y_{\mathrm{j}}(t)$ 为例，其关联系数的计算公式为：

$$\xi_{\mathrm{ij}}(t) = \frac{\min\limits_{i}\min\limits_{j}\min\limits_{t}\left|X_{\mathrm{i}}'(t) - Y_{\mathrm{j}}'(t)\right| + \rho\max\limits_{i}\max\limits_{j}\max\limits_{t}\left|X_{\mathrm{i}}'(t) - Y_{\mathrm{j}}'(t)\right|}{\left|X_{\mathrm{i}}'(t) - Y_{\mathrm{j}}'(t)\right| + \rho\max\limits_{i}\max\limits_{j}\max\limits_{t}\left|X_{\mathrm{i}}'(t) - Y_{\mathrm{j}}'(t)\right|}$$

式中，$\xi_{\mathrm{ij}}(t)$ 为某城市在第 t 年份企业创新能力的子系统 X_i 与产业结构升级的子系统 Y_{j} 的邓氏关联系数；$X_{\mathrm{i}}'(t)$ 、$Y_{\mathrm{j}}'(t)$ 分别为某城市在第 t 年份企业创新能力的子系统 X_{i} 与产业结构升级的子系统 Y_{j} 的标准化值，ρ 为分辨系数，一般取值 0.5，其作用是提高关联系数之间差异的显著性。

（4）耦合关联度模型。将关联系数按样本数 k 求其平均值后可以得到一个关联度矩阵 γ ，反映子系统间耦合的错综复杂关系。关联度 γ 的表达式为：

$$\gamma_{\mathrm{it}} = \frac{1}{m}\sum_{j=1}^{m}\xi_{\mathrm{ij}}(t)$$

$$\gamma_{\mathrm{jt}} = \frac{1}{n}\sum_{i=1}^{n}\xi_{\mathrm{ij}}(t)$$

$$\gamma_{\mathrm{ij}} = \frac{1}{T}\sum_{t=1}^{T}\xi_{\mathrm{ij}}(t)$$

（5）子系统耦合度。为进一步从整体上分析子系统间耦合情况，本书采用系统关联耦合度模型，耦合度 $C(t)$ 的计算公式为：

$$C(t) = \frac{1}{n \times m}\sum_{i=1}^{n}\sum_{j=1}^{m}\xi_{ij}(t)$$

4. 系统耦合度测算评价标准

两个或以上系统间的耦合过程往往会表现为复杂的变化趋势，耦合程度的大小反映了不同的系统耦合阶段，不同学者按耦合度高低对耦合阶段的划分存在一定的差异。

郝生宾，于渤（2008）以物理学中对耦合阶段的划分为依据，将技术创新与技术管理耦合过程划分为三个阶段：$0<C<0.3$ 属于较低水平的耦合阶段，该阶段企业更加重视通过技术引进提升技术能力，表现为重引进轻消化吸收；$0.3<C<0.7$ 属于中等水平的耦合阶段，该阶段内企业技术管理水平有了较大提高，具备一定的技术消化吸收能力；$0.7<C<1.0$ 属于高水平的耦合阶段，该阶段企业不仅能够很好地消化吸收外部技术，同时还具备了较强的自主创新能力，技术创新与技术管理进入相互促进、同步发展的良好阶段。

廖重斌（1999）对环境与经济协调发展程度进行了定量评判并做出分类，将系统耦合协调度分为 10 个等级，见表 3-5。

表 3-5　系统耦合协调度等级划分

耦合协调度	0~0.09	0.10~0.19	0.20~0.29	0.30~0.39	0.40~0.49
耦合协调等级	极度失调	严重失调	中度失调	轻度失调	濒临失调
耦合协调度	0.50~0.59	0.60~0.69	0.70~0.79	0.80~0.89	0.90~0.99
耦合协调等级	勉强协调	初级协调	中级协调	良好协调	优质协调

赵旭（2007）在区域城市化与城市生态环境耦合协调发展评价的研究中把系统耦合度划分为四个阶段：低水平耦合阶段，拮抗时期，磨合阶段及高水平耦合阶段，见表 3-6。

表 3-6　系统耦合阶段划分

耦合协调度	耦合阶段	类型与特征
0~0.4	低水平耦合	勉强调和，不协调
0.4~0.5	拮抗时期	调和或基本调和
0.5~0.8	磨合时期	勉强调和或调和
0.8~1	高水平耦合	协调

刘耀彬（2005）在中国城市化与生态环境耦合度分析中把系统耦合度划分为了四个级别：当 C∈［0，0.4）时，系统属于低度协调耦合；当 C∈［0.4，0.5）时，系统属于中度协调耦合；当 C∈［0.5，0.8）时，系统属于高度协调耦合；当 C∈［0.8，1）时，系统属于极度协调耦合。

基于以往学者的研究成果，同时结合前文对企业创新能力与产业结构升级耦合系统演进历程的相关分析，本书就不同水平的耦合阶段划分为“起步期—萌芽期—成长期—发展期—成熟期—共生期”，划分标准及各阶段特征见表 3-7。

表 3-7　耦合度评价标准

耦合度	耦合阶段	特征解释
0	起步期	无耦合，系统间不存在相互作用，完全不协调
0~0.3	萌芽期	低水平耦合，系统间相互作用不明显，基本不协调
0.3~0.5	成长期	较低水平耦合，系统间有一定的相互作用，勉强协调
0.5~0.8	发展期	中水平耦合，系统间有较强的相互作用，比较协调
0.8~1	成熟期	高水平耦合，系统间有很强的相互作用，协调性强
1	共生期	一体化耦合，协调间完全存在相互作用，完全协调

第四章

结果测度与实证分析

一、京津冀企业综合发展能力测度

（一）指数评价与测度结果

本研究充分运用企业大数据，对北京 17 个区（其中开发区为亦庄开发区，在国家工商局标准中单独列出，以下均简称为北京开发区）、天津 17 个区县（天津自由贸易试验区，在国家工商局标准中单独列出，以下均简称为天津自贸试验区）、河北 11 个地级市企业发展能力进行了分项及综合测评，选取了三个二级指标，包括企业实力、企业活力、企业创新力以及 12 个三级指标，包括：存续企业数量、存续商标数量、注册资本总额、新增企业数量、对外投资金额、现代服务企业数占企业总数比重、民营企业数占企业总数比重、外资企业数占企业总数比重、新增专利数、新增商标注册数、三项专利数、高新技术企业数占企业总数比重，并采用熵值法确定各指标的权重，计算得分。具体权重分布、各分项和综合得分以及排名情况见表 4-1、表 4-2、表 4-3，图 4-1。

表 4-1　2015 年京津冀企业综合发展能力指标权重分布

二级指标	三级指标	权重
企业实力（0.248 3）	存续企业数量（个）	0.200 5
	存续商标数量（个）	0.390 1
	注册资本总额（亿元）	0.409 5
企业活力（0.364 8）	新增企业数量（个）	0.135 4
	对外投资金额（亿元）	0.710 6
	现代服务企业数占企业总数比重	0.000 2
	民营企业数占企业总数比重	0.146 5
	外资企业数占企业总数比重	0.007 3
企业创新力（0.386 9）	新增专利数（项）	0.254 5
	新增商标注册数（项）	0.315 2
	三项专利数（项）	0.273 0
	高新技术企业数占企业总数比重	0.157 3

数据来源：根据龙信数据计算所得。

表 4-2 2015 年京津冀各市、区企业综合发展能力测评表

序号	市、区	企业实力	企业活力	企业创新力	总测评得分
1	海淀区	91.27	32.39	93.81	70.77
2	西城区	56.47	76.57	51.10	61.72
3	朝阳区	84.08	39.87	58.64	58.11
4	东城区	43.12	17.06	19.12	24.33
5	滨海新区	24.88	15.06	30.03	23.29
6	石家庄市	31.49	16.23	13.49	18.96
7	丰台区	29.44	13.80	16.92	18.89
8	北京开发区	8.67	14.61	26.76	17.83
9	昌平区	14.16	5.90	17.11	12.29
10	通州区	14.87	6.05	10.92	10.13
11	天津自贸试验区	6.94	19.18	3.61	10.12
12	顺义区	10.21	7.89	10.86	9.62
13	石景山区	9.37	4.42	12.25	8.68
14	西青区	4.78	9.48	10.31	8.64
15	武清区	6.80	6.95	10.50	8.28
16	保定市	13.41	7.28	5.88	8.26
17	唐山市	13.06	7.85	5.52	8.24
18	邯郸市	12.19	8.59	4.98	8.09
19	大兴区	10.85	3.31	8.05	7.01
20	北辰区	4.55	6.17	8.98	6.85
21	廊坊市	9.84	6.73	4.70	6.72
22	邢台市	10.59	6.45	3.88	6.48
23	沧州市	10.45	6.33	3.89	6.41
24	津南区	3.58	6.51	7.23	6.06
25	秦皇岛市	6.80	4.60	4.72	5.19
26	怀柔区	6.56	4.16	4.70	4.96
27	东丽区	4.45	5.03	4.95	4.85
28	衡水市	7.92	4.72	3.00	4.85

续表

序号	市、区、县	企业实力	企业活力	企业创新力	总测评得分
29	密云区	6.07	4.61	3.57	4.57
30	房山区	7.01	2.85	4.29	4.44
31	平谷区	6.61	4.45	2.93	4.40
32	张家口市	6.07	4.65	1.63	3.83
33	和平区	4.00	6.50	1.18	3.82
34	南开区	4.03	3.79	3.49	3.73
35	宝坻区	2.28	3.74	4.56	3.70
36	河西区	3.55	5.09	2.45	3.69
37	静海区	3.26	3.82	2.35	3.11
38	承德市	5.01	3.39	1.41	3.03
39	门头沟区	4.28	1.75	3.04	2.88
40	河北区	2.02	2.66	2.93	2.61
41	河东区	2.70	2.78	1.89	2.42
42	延庆区	2.33	2.50	2.02	2.27
43	宁河区	1.35	2.48	1.42	1.79
44	红桥区	1.23	1.82	1.87	1.69
45	蓟州区	1.34	1.98	1.42	1.61

数据来源：根据龙信数据计算所得。

表 4-3　2015 年京津冀各市、区企业综合发展能力排名表

市、区	企业实力排名	企业活力排名	企业创新力排名	总测评排名
海淀区	1	3	1	1
西城区	3	1	3	2
朝阳区	2	2	2	3
东城区	4	5	6	4
滨海新区	7	7	4	5
石家庄市	5	6	9	6
丰台区	6	9	8	7
北京开发区	19	8	5	8

续表

市、区	企业实力排名	企业活力排名	企业创新力排名	总测评排名
昌平区	9	23	7	9
通州区	8	22	11	10
天津自贸试验区	22	4	29	11
顺义区	16	12	12	12
石景山区	18	31	10	13
西青区	30	10	14	14
武清区	24	15	13	15
保定市	10	14	18	16
唐山市	11	13	19	17
邯郸市	12	11	20	18
大兴区	13	37	16	19
北辰区	31	21	15	20
廊坊市	17	16	23	21
邢台市	14	19	28	22
沧州市	15	20	27	23
津南区	36	17	17	24
秦皇岛市	23	29	22	25
怀柔区	26	32	24	26
东丽区	32	25	21	27
衡水市	20	26	33	28
密云区	27	28	30	29
房山区	21	38	26	30
平谷区	25	30	34	31
张家口市	28	27	41	32
和平区	35	18	45	33
南开区	34	34	31	34
宝坻区	41	35	25	35
河西区	37	24	36	36

续表

市、区	企业实力排名	企业活力排名	企业创新力排名	总测评排名
静海区	38	33	37	37
承德市	29	36	44	38
门头沟区	33	45	32	39
河北区	42	40	35	40
河东区	39	39	39	41
延庆区	40	41	38	42
宁河区	43	42	43	43
红桥区	45	44	40	44
蓟州区	44	43	42	45

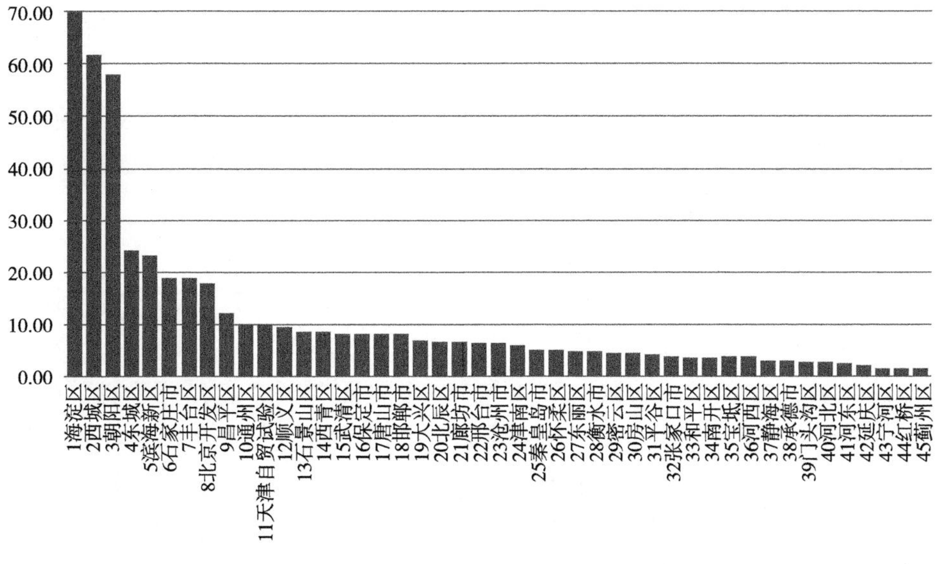

图 4-1　2015 京津冀各市、区企业综合发展能力得分

对综合排名降序排列为海淀区、西城区、朝阳区、东城区、滨海新区、石家庄市、丰台区、北京开发区、昌平区、通州区、天津自贸试验区、顺义区、石景山区、西青区、武清区、保定市、唐山市、邯郸市、大兴区、北辰区、廊坊市、邢台市、沧州市、津南区、秦皇岛市、怀柔区、东丽区、衡水市、密云区、房山区、平谷区、张家口市、和平区、南开区、宝坻区、河西

区、静海区、承德市、门头沟区、河北区、河东区、延庆区、宁河区、红桥区、蓟州区，见表4-3。

1. 综合排名，北京优势明显，天津差距悬殊，河北多居于中间水平

从整体来看，排名前3位的海淀区、西城区和朝阳区与其他地区得分差距较大，优势明显，第4至45位间基本呈平缓递减趋势。在前10名中：北京占8位，前4强都属于北京，分别是海淀区（第1名）、西城区（第2名）、朝阳区（第3名）、东城区（第4名）、丰台区（第7名）、北京开发区（第8名）、昌平区（第9名）、通州区（第10名）；天津占1位，滨海新区（第5名），河北占1位，石家庄排在第6名。居于中间水平的第16至25位中，河北占7位，分别是保定市（第16名）、唐山市（第17名）、邯郸市（第18名）、廊坊市（第21名）、邢台市（第22名）、沧州市（第23名）、秦皇岛市（第25名）；天津占2位，北辰区（第20位）、津南区（第24位）；北京占1位，大兴区（第19位）。在后10名中：天津占7位，分别是蓟州区（倒数第1名）、红桥区（倒数第2名）、宁河区（倒数第3名）、河东区（倒数第5名）、河北区（倒数第6名）、静海区（倒数第9名）、河西区（倒数第10名）；河北占1位，是承德市（倒数第8名）；北京占2位，延庆区（倒数第4名）、门头沟区（倒数第7名）。

2. 企业实力，北京海淀区最强、天津红桥区最弱

北京海淀区企业实力最高，其企业实力指数为91.27，第二名朝阳区为84.08，最后一名是天津红桥区，仅为1.23。在前10名中：北京占7位，且占据前4名，分别是海淀区（第1名）、朝阳区（第2名）、西城区（第3名）、东城区（第4名）、丰台区（第6名）、通州区（第8名）、昌平区（第9名）；天津仅滨海新区进入前10位，排在第7名；河北占2位，分别是石家庄市（第5名）和保定市（第10名）。在后10名中：天津占9位，分别是红桥区（倒数第1名）、蓟州区（倒数第2名）、宁河区（倒数第3名）、河北区（倒数第4名）、宝坻区（倒数第5名）、河东区（倒数第7名）、静海区（倒数第8名）、河西区（倒数第9名）、津南区（倒数第10名）；北京占1位，延庆区（倒数第6名）；河北省各个地级市没有落在后10位的。

3. 企业活力，北京西城区最强、天津宁河区最弱

西城区企业活力最高，其活力指数为76.57，第二名为朝阳区（39.87），最后一名是门头沟区，仅为1.75。在前10名中：北京占6位，

且占据前3名，分别是西城区（第1名）、朝阳区（第2名）、海淀区（第3名）、东城区（第5名）、开发区（第8名）、丰台区（第9名）；天津占3位，分别是自贸试验区（第4名）、滨海新区（第5名）、西青区（第10名）；河北仅石家庄市（第6名）进入前10位。在后10名中：天津占5位，分别是红桥区（倒数第2名）、蓟州区（倒数第3名）、宁河区（倒数第4名）、河北区（倒数第6名）、河东区（倒数第7名）；北京占4位，分别是门头沟区（倒数第1名）、延庆区（倒数第5名）、房山区（倒数第8名）和大兴区（倒数第9名）；河北省仅承德市（倒数第10名）落在后10名。

4. 企业创新力，北京海淀区最高，天津和平区最低

海淀区企业创新力最高，其创新指数为93.81，远远高于第二名的朝阳（58.64），而最后一名是天津和平区，其创新指数仅为1.18。在前10名中：北京占8位，且占据前3名，分别是海淀区（第1名）、朝阳区（第2名）、西城区（第3名）、开发区（第5名）、东城区（第6名）、昌平区（第7名）、丰台区（第8名）、石景山区（第10位）；天津占1位，滨海新区（第4名）；河北占1位，石家庄市（排名第9）。在后10名中：天津占7位，分别是和平区（倒数第1名）、宁河区（倒数第3名）、蓟州区（倒数第4名）、红桥区（倒数第6名）、河东区（倒数第7名）、静海区（倒数第9名）、河西区（倒数第10名）；河北占2位，分别是承德市（倒数第2名）、张家口市（倒数第5名）；北京占1位，延庆区（倒数第8名）。

（二）发展现状及趋势分析

本研究通过构建指标体系并进行相关测度，对京津冀45个市、区的企业发展综合能力进行了初步了解。但由于该指数研究针对的是2015年京津冀企业发展状况，缺少从时间序列上摸清京津冀企业发展的总体变化趋势。基于此，本研究结合构建的评价指标体系及测评结果，在企业综合发展能力测度的框架体系下，综合指标权重及指标含义等多方面因素选取“企业实力”中的“存续企业数量”和“注册资本总额”，“企业活力”中的“对外投资金额”和“现代服务业占比”，“企业创新力”中的“高新技术企业数量”和“新增专利数量”，依照时间序列（2000—2015年）对京津冀地区企业发展的现状及趋势进行分析梳理，为下一步寻求合理路径以提升企业发展水平和创新能力打下基础。

1. 企业实力，京津企业发展稳健，河北企业市场化规模正在扩大

地区存续企业数量的多少在一定程度上直接反映和影响了该地区市场环境的稳定性，也是地区企业规模实力的集中体现。从存续企业数量变化趋势来看，2000—2015 年京津冀三地存续企业数基本保持快速上升态势，增长水平差异不大，增长率保持在 10%～20%，天津相较于北京和河北增长速率稍显缓慢。北京 2000 年存续企业数量占京津冀地区总量的 35. 49%，2015 年其存续企业数量为 1 206 763 家，占京津冀存续企业总量的 50%，占比上升较大；河北则逐年变化不大，基本维持在 30%～35%的占比水平，2015 年河北存续企业总量为 867 353 家，占比 36%；天津相对于北京和河北，虽然存续企业数量保持增长，但占比水平有所下降，2000 年天津存续企业数量为 115 666 家，占京津冀地区总量的 32. 03%，2015 年数量增加为 347 257 家，地区占比下降至 14%，具体见图 4-2、图 4-3。

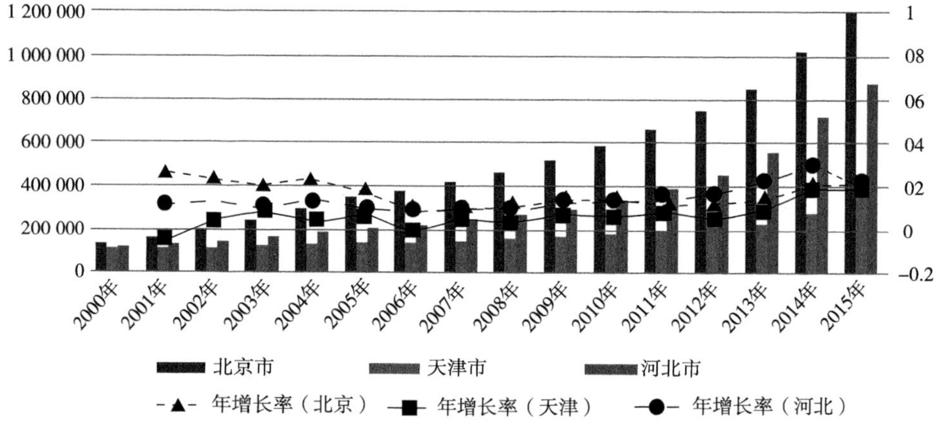

图 4-2　2000—2015 年京津冀三地存续企业数量变化情况

企业注册资本是公司债务偿还能力的一种体现，在一定程度上影响了企业的业务范围，反映了企业的基本实力。从企业注册资本总额变化趋势来看，2000—2015 年京津冀三地基本保持稳定的上升态势，增长率维持在 10%～15%，2015 年北京企业注册资本总额有较大幅度的提升。从地区占比水平和数量变化来看，北京在京津冀地区企业注册资本总额中优势相对突出，2000 年其企业注册资本总额为 52 808. 08 亿元，占地区总量的 66. 43%，随后的 15 年间，虽然北京整体企业注册资本占比有所波动，但基本维持在 65%～75%，

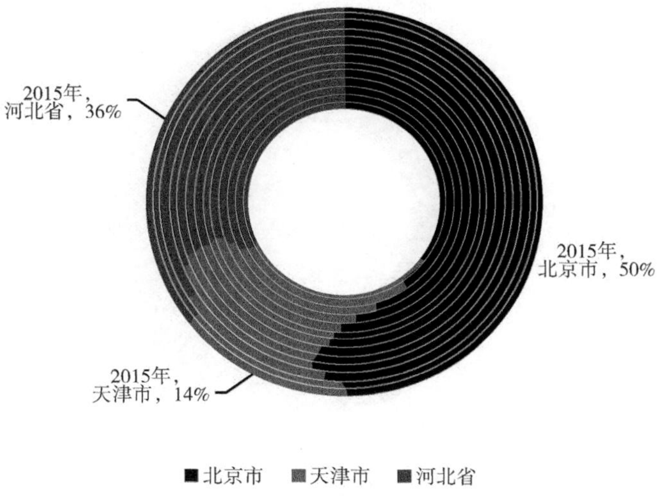

图 4-3　2000—2015 年京津冀三地存续企业数量占比平均情况
（由内至外为：2000—2015 年）

2015 年北京企业注册资本总额为 245 146. 11 亿元，占比为 70. 72%；2015 年天津与河北的企业注册资本总额在京津冀地区内的占比大体相当，2000 年天津与河北企业注册资本总额分别为 8 833. 12 亿元和 17 848. 24 亿元，占比分别为 11. 11%和 22. 45%，2015 年二者分别为 51 038. 13 亿元和 50 465. 89 亿元，天津占比升至 15%，河北占比下降至 14%，具体见图 4-4、图 4-5。

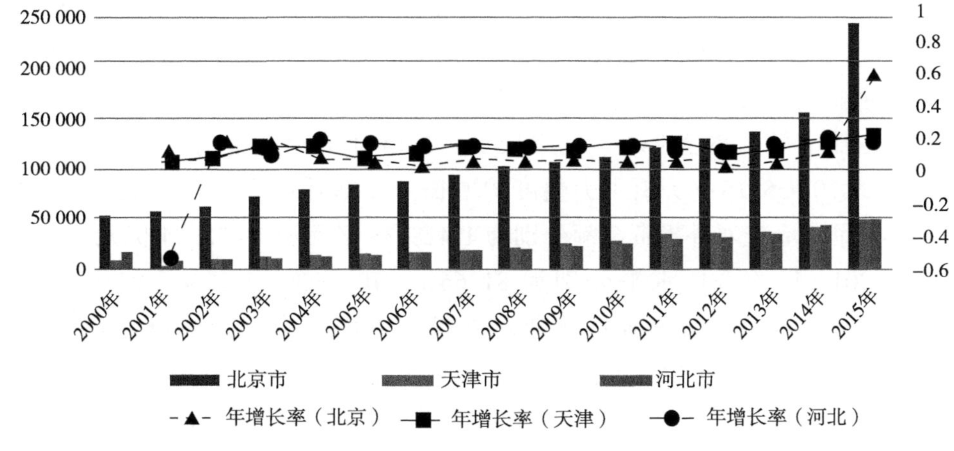

图 4-4　2000—2015 年京津冀三地企业注册资本金额变化情况

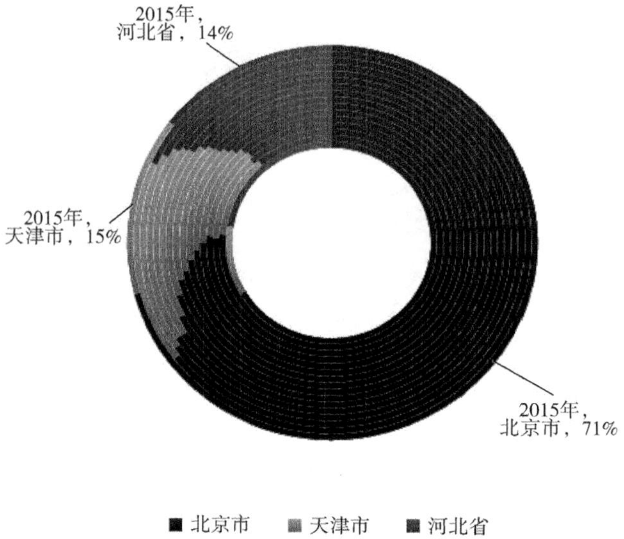

图 4-5 2000—2015 年京津冀三地企业注册资本金额占比情况
（由内至外为：2000—2015 年）

2. 企业活力，北京企业外向资本配置能力强，津冀经济结构趋向高端化

企业加强对外投资将有助于扩大出口，更加充分地利用国外资源弥补短缺，带动区域经济增长，实施市场多元化战略，在全球范围内进行资本最优配置。从企业对外投资金额变化趋势来看，2000—2015 年京津冀三地增长水平总体波动较大。北京虽然波动明显，但总体占比水平最高，天津居于第二位，河北相对靠后。2000 年京津冀三地企业对外投资金额分别为 1 925. 41 亿元、306. 96 亿元、59. 52 亿元，分别占比 84. 01%、13. 39%、2. 60%，2015 年三地企业对外投资金额分别上升至 21 035. 00 亿元、453. 27 亿元和 1 043. 24 亿元，占比水平调整至 93%、2%和 5%。2015 年北京企业对外投资金额较 2014 年的 10 955. 15 亿元有了大幅度的增长，天津则下降幅度较大，2014 年天津和河北的企业对外投资金额分别为 1 428. 38 亿元和 1 032. 34 亿元，京津冀三地 2014 年的占比水平分别为 81. 66%、10. 65%、7. 69%。整体来看，2000—2015 年，京津冀三地在企业对外投资方面平均占比分别约为 79%、14%、7%。北京资本的外溢效应显著，具体见图 4-6、图 4-7。

服务业兴旺发达是现代经济的显著特征，是衡量经济发展现代化、国际化、高端化的重要标志。服务业作为高增长性和最具潜力的产业，其加快发展对经济增长、结构调整有重要意义。从现代服务业企业数量变化趋势来看，

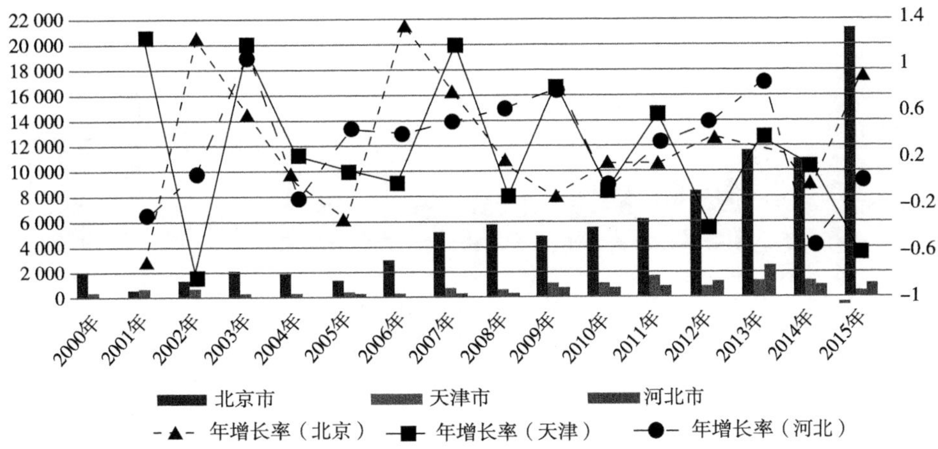

图 4-6　2000—2015 年京津冀三地企业对外投资金额变化情况

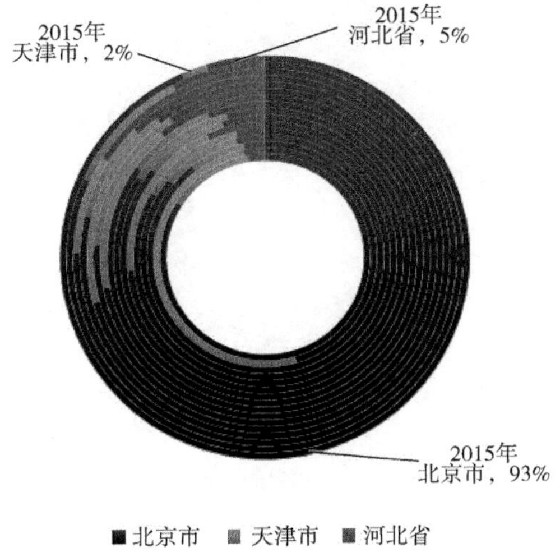

图 4-7　2000—2015 年京津冀三地企业对外投资金额平均占比情况
（由内至外为：2000—2015 年）

2000—2015 年京津冀三地基本保持稳定的上升态势，各年份增长率的平均值均在 20%左右。北京拥有的现代服务企业数量基本占京津冀地区总量的 60%左右，天津约为 15%，河北约占 25%。2015 年京津冀三地现代服务业企业数量分别为 1 112 823 家、263 944 家、534 058 家，分别是各自在 2000 年（59 535 家、16 076 家、25 271 家）水平的 18.69 倍，16.42 倍和 21.13 倍，占比水平分别为 58%、14%、28%，具体见图 4-8、图 4-9。

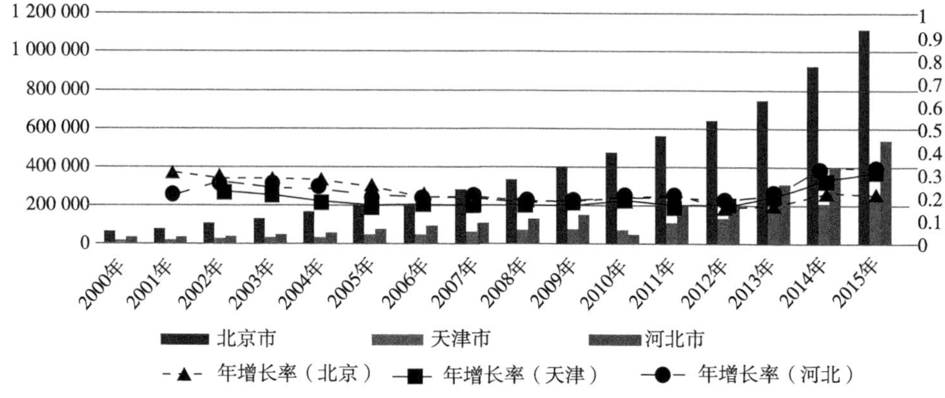

图 4-8　2000—2015 年京津冀三地现代服务企业数量变化情况

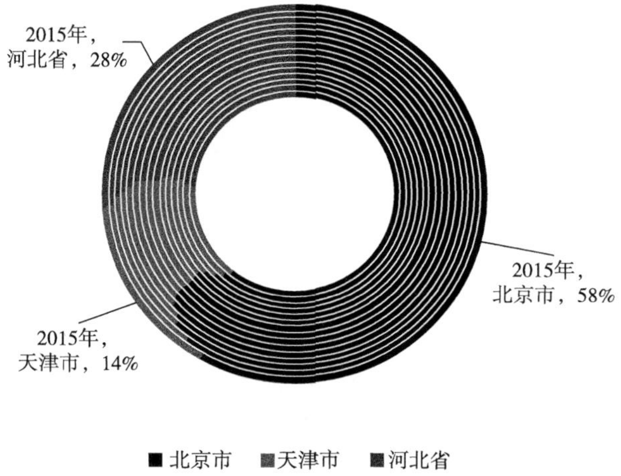

图 4-9　2000—2015 年京津冀三地现代服务企业数量占比情况
（由内至外为：2000—2015 年）

3. 企业创新力，北京高新技术产业蓬勃发展，津冀还需提升创新产出水平

高新技术企业是实施创新驱动战略的先锋队，是提高自主创新能力的主力军，是稳增长、促转型、调结构的重要支柱。从高新技术企业数量变化趋势来看，2008—2015 年京津冀三地的变化趋势基本一致，均保持上升态势，增长率大体相当，除 2009 年三地高新技术企业增长率都有较大幅度下降以外，其余各年份基本保持在 20%～30%的增长水平，且河北地区平均增长速率最高，其次为天津和北京。北京在京津冀地区高新技术企业数量上优势明显，

基本稳定在80%左右的占比水平，2015年北京高新技术企业数量为13 531家是2008年2 152家的6. 2倍，地区占比为77%，天津2015年拥有2 460家高新技术企业，也是2008年394家的6. 2倍，地区占比为14%，河北2015年高新技术企业数量为1 551家，是2008年152家的10. 2倍，地区占比为9%，具体见图4-10、图4-11。

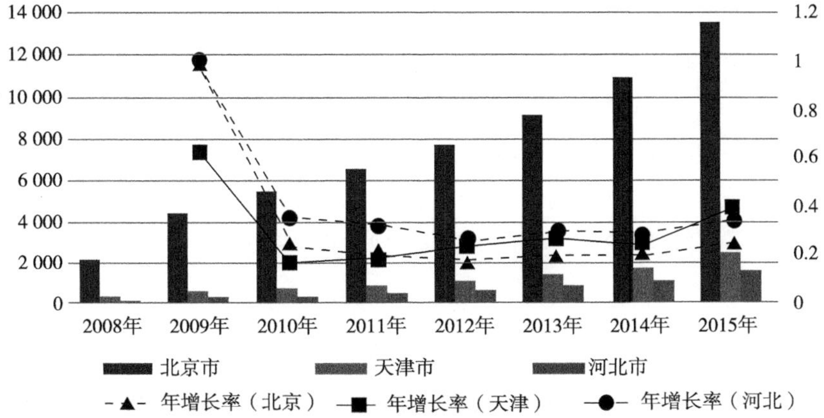

图4-10　2008—2015年京津冀三地高新技术企业数量变化情况

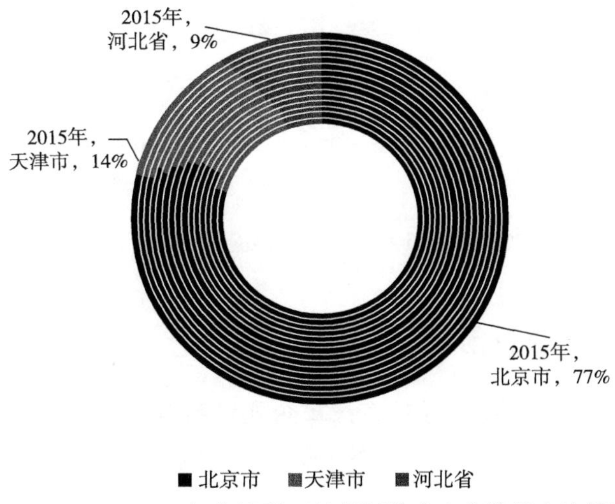

图4-11　2008—2015年京津冀三地高新技术企业数量占比情况
（由内至外为：2008—2015年）

专利作为一种无形资产，具有巨大的商业价值，是提升企业竞争力的重要手段。专利的质量与数量是企业创新能力和核心竞争能力的体现，是企业在该行业身份及地位的象征。企业可以通过应用专利制度获得长期的利益回报。从企业新增专利数量变化趋势来看，2000—2015 年京津冀三地年增长率总体波动较大，但大体上保持上升趋势。北京新增专利数量在京津冀地区占比最高，基本在 65%左右，2000 年北京企业新增专利数量为 1 814 个，占比为 67. 23%，2015 年增加至 101 302 个，占比水平为 65%。天津 2015 年企业新增专利数量在地区内的占比水平略有上升，2000 年天津企业新增专利数量为 469 个，占比 17. 38%，2015 年为 34 093 个，占比 22%。2000—2015 年河北企业新增专利在数量上保持增长，但在地区占比水平上有所下降，2000 年河北省企业新增专利数量为 415 个，占比为 15. 38%，2015 年上升至 19 516 个，占比水平下降为 12%，具体见图 4-12、图 4-13。

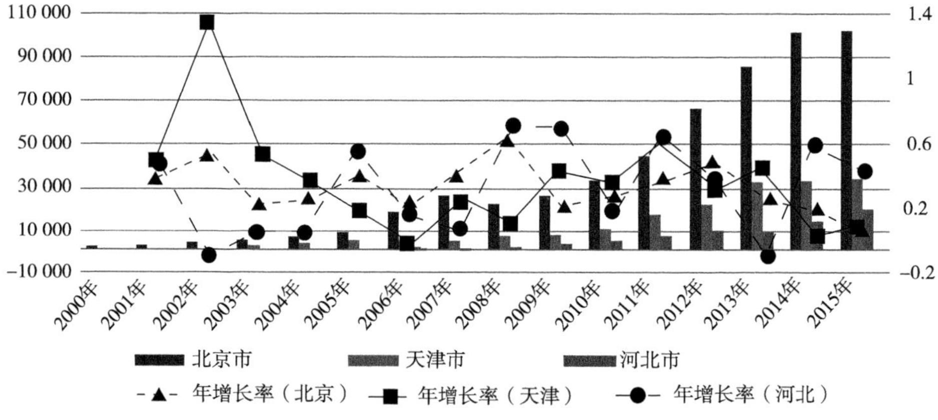

图 4-12　2000—2015 年京津冀三地企业新增专利数量变化情况

二、京津冀企业创新能力评价

(一) 基于区域内部比较的京津冀企业创新能力测度

由于数据指标可得性等因素的局限，本书在对京津冀企业创新能力进行指数评价的过程中，以城市为基本单位，把北京、天津及河北 11 个地级市作为研究对象，将企业大数据和统计数据相结合，在已确立的由“创新投入—创新产出—创新环境”构成的企业创新能力测评体系框架下，最终选取企业

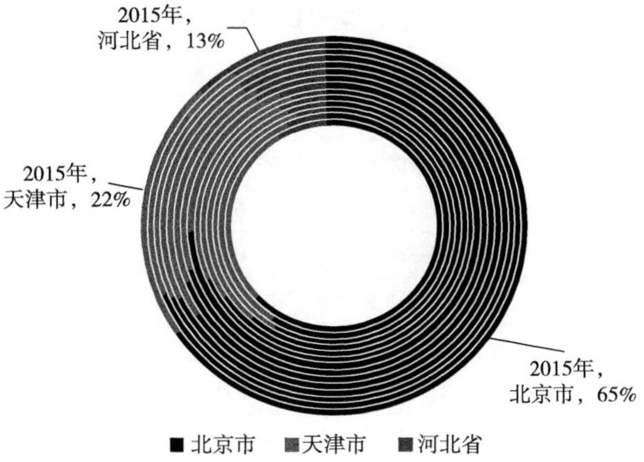

图 4-13　2000—2015 年京津冀三地企业新增专利数量占比情况
（由内至外为：2000—2015 年）

平均 R&D 人员折合全时当量、企业平均 R&D 经费内部支出、企业 R&D 投入强度等 11 个三级指标，对京津冀“2+11”市企业创新能力进行分项及综合测评，具体指标权重及测评结果见表 4-4、表 4-5、表 4-6。

表 4-4　京津冀“2+11”市企业创新能力指标权重分布

一级指标	二级指标	权重
创新投入（0. 308 1）	企业平均 R&D 人员折合全时当量	0. 280 306
	企业平均 R&D 经费内部支出	0. 528 433
	企业 R&D 投入强度	0. 191 261
创新产出（0. 336 5）	企业平均新增专利数量	0. 487 492
	企业平均三项专利数	0. 512 508
创新环境（0. 355 4）	地区 R&D 投入强度	0. 326 277
	科技支出占比	0. 247 289
	人均地区生产总值	0. 107 716
	高新技术企业占比	0. 068 654
	科学研究和技术服务业企业占比	0. 250 064

数据来源：笔者计算所得。

表 4-5　2015 年京津冀“2+11”市企业创新能力测评表

城市	创新投入	创新产出	创新环境	总测评得分	排名
北京市	96.095 9	97.839 2	97.777 3	97.280 1	1
天津市	95.699 7	67.805 0	69.540 7	77.016 2	2
石家庄市	43.908 2	31.446 4	32.631 3	35.707 0	3
秦皇岛市	38.469 8	45.330 3	19.096 8	33.893 2	4
唐山市	49.158 6	21.918 9	26.959 9	32.103 0	5
保定市	60.296 7	15.776 2	18.849 2	30.585 1	6
廊坊市	21.701 4	23.080 2	24.871 5	23.292 0	7
邯郸市	26.037 8	18.356 5	20.736 0	21.568 8	8
沧州市	27.356 4	15.417 4	17.894 5	19.976 2	9
邢台市	27.532 1	17.057 6	15.915 5	19.878 9	10
衡水市	25.140 5	14.865 5	15.737 8	18.341 2	11
张家口市	24.370 5	10.806 3	11.462 3	15.218 6	12
承德市	23.293 0	7.867 3	14.117 9	14.841 4	13

数据来源：笔者计算所得。

表 4-6　2015 年京津冀“2+11”市企业创新能力排名表

城市	创新投入	创新产出	创新环境	总体排名
北京市	1	1	1	1
天津市	2	2	2	2
石家庄市	5	4	3	3
秦皇岛市	6	3	7	4
唐山市	4	6	4	5
保定市	3	9	8	6
廊坊市	13	5	5	7
邯郸市	9	7	6	8
沧州市	8	10	9	9
邢台市	7	8	10	10
衡水市	10	11	11	11
承德市	12	13	12	12
张家口市	11	12	13	13

数据来源：笔者自己计算所得。

1. 创新能力，京津居前两位，优势明显，秦石唐居河北省前三

从总体评价来看，北京、天津两地企业创新能力在京津冀地区排在前两位，得分分别达到 97. 280 1、77. 016 2，远超过河北省 11 个地级市。石家庄、秦皇岛、唐山分别排在第 3、第 4、第 5 位，位列河北省前三，得分分别为 35. 707 0、33. 893 2、32. 103 0，三地企业创新能力得分接近，但与京津相比还存在着较大的差距。保定、廊坊、邯郸、沧州、邢台 5 个城市处于中间水平，企业创新能力在京津冀地区排名 6 至 10 位，得分基本在 19~30。排在末位的是衡水、承德、张家口三地，其中衡水市企业创新能力得分为 18. 341 2，优于张家口与承德两地。张家口与承德企业创新能力得分接近，分别为 15. 218 6、14. 841 4，见图 4-14。

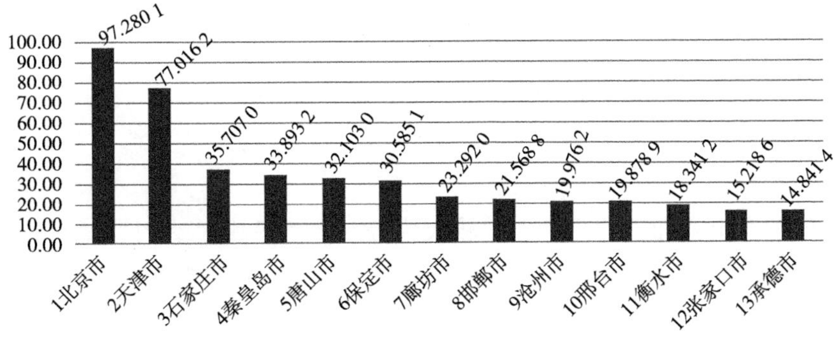

图 4-14 2015 年京津冀“2+11”企业创新能力指数得分排名

2. 创新投入，京津水平相当且优势较大，保定在河北省内表现突出

在创新投入方面，京津两地水平接近，分别为 96. 095 9、95. 699 7，排在前两位，与河北各地级市相比优势明显。保定、唐山、石家庄三地排在第 3、第 4、第 5 位，得分分别为 60. 296 7、49. 158 6、43. 908 2，在河北省内企业创新投入水平相对突出。排在第 6~10 位的分别是秦皇岛、邢台、沧州、邯郸、衡水，除秦皇岛得分为 38. 469 8 以外，其余四个城市企业创新投入水平得分差距不大，均在 25~28 分。而张家口、承德、廊坊三地企业创新投入水平在京津冀地区排在倒数三位，得分分别为 24. 370 5、23. 293 0、21. 701 4。

从人员投入来看，天津企业具有较大的优势，河北各市差距较大。2015 年北京企业 R&D 人员全时当量为 50 773 人 · 年，天津为 84 291 人 · 年，是北京的 1. 66 倍，河北省 R&D 人员全时当量为 79 452 人 · 年，低于天津全市

水平，其中石家庄、保定两市企业 R&D 人员全时当量在河北省内排名最靠前，分别为 22 506、18 858 人·年，张家口、承德两市 R&D 人员工作总量最低，分别为 1 597 人·年、1 505 人·年，约是天津的 2%，京津冀范围内各城市，R&D 人员投入水平差异显著。从经费投入来看，北京规模略低于天津，但平均水平较高，河北整体尚有明显不足。2015 年北京企业 R&D 经费内部支出总量为 2 440 875 万元，低于天津的 3 526 700 万元，但从平均水平来看，北京为 687.96 万元略高于天津的 638.32，在 R&D 经费投入强度方面北京为 6.01%，高于天津的 3.08%。河北各市 2015 年 R&D 经费投入强度均低于 2%，其中一半左右的城市低于 1%，排在前三位的是石家庄、保定、唐山，分别为 1.83%、1.80%和 1.13%。在经费投入总量上，河北省内 2015 年企业 R&D 经费内部支出为 2 858 051，介于京津之间，从河北各地级市来看，则差距较大，尤其是衡水、承德、张家口三地，分别为 93 426 万元、67 369 万元、63 379 万元，约是省内最高的石家庄市（669 401）的 10%。

3. 创新产出，北京具有绝对优势，天津与秦皇岛排名靠前，其余地区差距明显

在创新产出方面，北京存在着较大优势，在京津冀“2+11”城市比较中，各项指标得分较高，在该项测评中得到 97.839 2。天津排在第二位，得分为 67.805 0，与北京存在一定差距。其次，处于第三位的是秦皇岛，得分 45.330 3，虽不及京津，但与河北省内其他城市相比还具有一定优势。石家庄排在第四位，得分为 31.446 4。排名第 5~8 位的城市分别是廊坊、唐山、邯郸、邢台，得分在 17~23，其中廊坊得分 23.080 2，唐山得分 21.918 9，邯郸与邢台得分接近，分别为 18.356 5、17.057 6。保定、沧州、衡水三地企业创新产出水平排在第 9~11 位，得分接近，在 14~15 分。最后两位是张家口、承德两地，创新产出得分分别为 10.806 3、7.867 3，与其他城市相比还有较大差距。

从企业新增专利数量来看，京津表现突出，河北各市亟须大力改善和提升。2015 年年底，北京企业新增专利数量为 101 302 件，天津为 31 989 件，在新增专利规模上北京优势明显，从平均数量来看，北京企业平均新增专利数为 0.083 9 件，天津为 0.096 4 件，二者水平接近，天津略高。河北 2015 年企业新增专利总量为 19 516 件，约是北京的五分之一，天津的五分之三，其中石家庄市数量最多，达到 4 920 件，张家口和承德两地新增专利数量最少，

不足 1 000 件，分别为 548 件和 304 件。从三项专利数量来看，北京企业优势明显。截至 2015 年年底北京企业三项专利数为 429 499 件，天津为 177 084 件，河北省为 76 650 件，其中石家庄最高，达到 17 559 件，承德市最低仅为 1 676 件。就三项专利规模数量来看，京津冀内部城市间差距显著。

4. 创新环境，京津石位列前三，河北 11 个地级市尚有较大不足

在创新环境方面，北京得分 97. 777 3，天津得分 69. 540 7。虽然与北京相比天津还存在一定差距，但是与河北 11 个地级市相比，京津优势十分突出。石家庄在河北省内创新环境得分最高，但仅为 32. 631 3，仍不及天津得分的一半，不及北京得分的三分之一。唐山、廊坊、邯郸三地位列第 4、第 5、第 6 位，得分在 20 分以上，分别为 26. 959 9、24. 871 5、20. 736 0。秦皇岛、保定、沧州处于第四梯队，排在 7、8、9 位，得分分别为 19. 096 8、18. 849 2、17. 894 5。邢台、衡水企业创新产出水平接近，得分分别为 15. 915 5、15. 737 8。承德、张家口则以 14. 117 9、11. 462 3 的得分排在最后两位。

从财政支出来看，北京科技支出规模大，天津科技支出占比高，石家庄、秦皇岛相对较高。2015 年北京市财政科技支出总额为 287. 80 亿元，天津为 120. 82 亿元，分别占地区财政支出总量的 5. 11% 和 3. 74%。河北省财政科技支出总量为 45. 40 亿元，占比水平为 0. 81%，远不及京津两地，其中石家庄、唐山财政科技支出分别为 9. 05 亿元和 6. 42 亿元，占比水平为 1. 33% 和 1. 08%，其余 9 个地级市科技支出占比均不足 1%，邢台、衡水、张家口三地财政科技支出分别为 1. 18 亿元、0. 85 亿元和 0. 08 亿元，排在倒数三位，占比水平分别为 0. 30%、0. 86% 和 0. 32%。从产业发展来看，北京高新技术产业发展势头强劲，津冀还需进一步推进高科技产业发展。2015 年北京高新技术企业为 13 531 家，占比 1. 92%，远高于津冀企业，北京产业高端化迹象凸显。天津拥有 2 460 家高新技术企业，占比水平为 0. 77%。河北全省高新技术企业为 1 551 家，占比 0. 32%，其中石家庄、廊坊两地高新技术企业占比较高，分别为 0. 44% 和 0. 48%，石家庄高新技术企业规模效应相对更加显著，其拥有 443 家高新技术企业，数量最多，廊坊为 145 家。此外张家口和承德高新技术企业仅为 38 家和 31 家，平均占比为 0. 13%，为最低水平。

（二）基于三大城市群比较的京津冀企业创新能力评价

京津冀、长江三角洲、珠江三角洲三大城市群，是我国目前发展相对成熟的城市群主体，2015 年，京津冀、长江三角洲、珠江三角洲这三大城市群

以5.2%的国土面积集聚了23%的人口，创造了39.4%的GDP，成为拉动我国经济快速增长的重要增长极和参与国际经济合作与竞争的主要平台。因此对京津冀企业创新能力的研究，不能仅局限于京津冀区域自身进行内部结构分析，还应通过外部条件比较，更加全面系统地对京津冀企业创新能力展开研究。基于此，本书在由“创新投入—创新产出—创新环境”构成的企业创新能力评价指标体系下，选取适当指标，将大数据与统计数据相结合，运用熵值法确定权重，对我国三大城市群企业创新能力进行分析与评价，进而找到京津冀企业创新发展存在的优势及短板，为下一步提升地区企业创新能力提供借鉴。同时由于研究数据条件所限，本书在研究对象明确的基础上，为了增强数据可得性，保证指标体系的完整性，故对三大城市群企业创新进行评判过程中，选择以三大城市群为基本出发点，将城市群涉及的主要省份作为研究单位，以便更好地获取数据资料进行研究。即京津冀城市群研究主体为：北京市、天津市、河北省；长三角城市群研究主体为：上海市、江苏省、浙江省（由于数据选取为2015年数据，故以2015年时期长三角城市群大致范围为基准，未将安徽省纳入研究范围）；珠三角城市群研究主体为：广东省。对三大城市群企业创新能力研究的主要对象为“三市四省”，指标体系及权重得分情况见表4-7、表4-8，测度结果见表4-9、图4-15。

表4-7　我国三大都市圈企业创新能力指标权重分布

一级指标	二级指标	权重
创新投入 (0.254 5)	有R&D活动企业平均数	0.296 445
	企业平均R&D人员折合全时当量	0.102 973
	企业R&D经费投入强度	0.071 128
	企业平均R&D经费内部支出	0.288 965
	企业平均R&D项目数	0.240 489
创新产出 (0.408 8)	企业平均专利申请数	0.229 654
	企业平均发明专利数	0.402 385
	企业平均新产品开发项目数	0.198 610
	企业平均新产品销售收入	0.169 351

续表

一级指标	二级指标	权重
创新环境（0.336 7）	地区 R&D 经费投入强度	0.209 873
	科技支出占比	0.163 246
	人均地区生产总值	0.253 461
	高新技术企业占比	0.286 511
	科学研究和技术服务业企业占比	0.086 909

数据来源：计算所得。

表 4-8　我国三大城市群企业创新能力测评表

都市圈	城市	创新投入	创新产出	创新环境	总测评得分
京津冀	北京市	93.052 6	99.474 3	80.521 6	91.458 7
	天津市	95.593 3	57.418 6	60.942 3	68.321 1
	河北省	28.216 2	12.820 2	24.567 5	20.693 9
长三角	上海市	66.927 5	50.627 9	58.305 0	57.361 2
	江苏省	67.562 3	38.118 7	56.006 6	51.635 2
	浙江省	63.875 7	30.168 2	44.422 5	43.546 6
珠三角	广东省	46.262 2	42.940 1	61.769 9	50.125 4

表 4-9　2015 年我国三大城市群企业创新能力得分排名情况

城市	创新投入	创新产出	创新环境	总测评得分
北京市	2	1	1	1
天津市	1	2	3	2
上海市	4	3	4	3
江苏省	3	5	5	4
广东省	6	4	2	5
浙江省	5	6	6	6
河北省	7	7	7	7

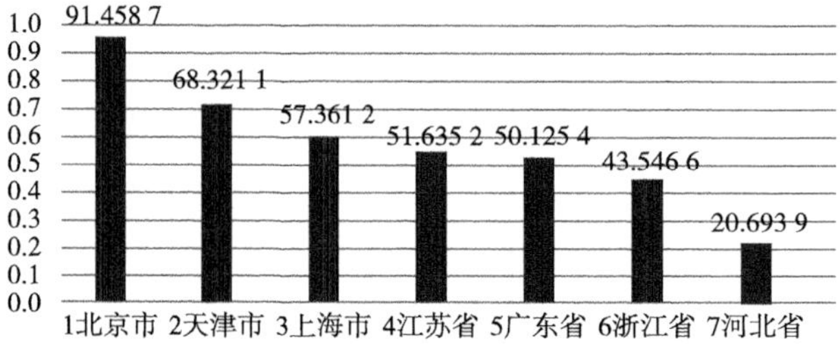

图 4-15　2015 年我国三大城市群企业创新能力得分排名

1. 创新能力，京津优势明显，河北省与之相比差距较大，长三角与珠三角水平相当

从总体评价来看，京津冀城市群企业创新能力呈现明显的两极分化格局，长三角与珠三角发展相对均衡、水平相当。京津冀城市群内，北京、天津两地优势明显，分列一、二位，得分各为：91. 458 7、68. 321 1，而河北省得分仅为 20. 693 9，在“三市四省”中排在末位，且差距很大。从全国范围来看，北京企业创新能力突出，已经具备打造全国科技创新中心的基础条件。长三角城市群内，上海市作为核心城市，企业创新能力在城市群内部排在首位，在三大城市群内排在第三位，得分为 57. 361 2；其次为江苏省，得分 51. 635 2，排在第四位；浙江省排名相对较低，得分 43. 546 6，总体排名第六。珠三角城市群内，广东省总体排名第五，得分 50. 1254，从省域单位来看，和江苏省差距不大，略好于浙江省。

2. 创新投入，京津优势突出，长三角整体水平稳定，珠三角有待加强

在创新投入方面，京津冀城市群内，天津优势突出，在三大城市群内排名第一，得分 95. 593 3，北京得分为 93. 052 6，排在“三市四省”中的第二位，河北省得分 28. 216 2，排在末位，与其他地区存在突出差距。长三角城市群整体水平接近，实力较强，江苏省排名靠前，总体排在第三名，得分 67. 562 3；上海紧随其后，总体排名第四，得分 66. 927 5，与江苏省水平接近；浙江省得分 63. 875 7，排在第五名。珠三角城市群以广东省为核心，相对落后于其他城市群的主要省市，得分 46. 262 2，排在第六位。

从活动投入来看，天津创新投入水平居三大城市群之首，广东与河北两省平均水平较低。2015 年天津有 R&D 活动的企业数为 2 084 家，其次是上海为 1 866 家，北京相对较低，为 1 141 家。在省域范围内，江苏省有 R&D 活

动的企业总量为 18 872 家，平均 13 个地级市为 1 456 家；浙江省仅次于江苏，有 R&D 活动的企业总量为 13 634 家，平均 11 个地级市为 1 239 家，二者均高于北京企业水平；广东和河北两省相对落后，总量和地级市平均分别为：5 002、1 388 和 263、126，与其他地区相比差距较大。从人员及经费投入来看，基本呈现出上海投入最高，天津排在第二位，河北省居末位水平。2015 年，上海 R&D 人员折合全时当量为 94 981 人・年、R&D 经费总量为 474.24 亿元，天津为 84 291 人・年和 352.67 亿元，北京为 50 773 人・年和 244.09 亿元。在省域范围内，江苏全域 R&D 人员折合全时当量和 R&D 经费分别为 441 304 人・年和 1 506.51 亿元，平均 13 个地级市达到 33 946 人・年和 115.89 亿元；浙江省居于次位，总量与地级市平均分别为 316 672 人・年、1 520.55 亿元和 28 788 人・年、77.60 亿元；广东全省 R&D 人员折合全时当量为 411 059 人・年，高于浙江省，但从 19 个地级市平均来看，其为 21 635 人・年，比浙江省水平略低，其 R&D 经费总量为 1 520.55 亿元，地级市平均为 80.03，均高于浙江省；而河北省则差距仍旧明显，总量和 11 个地级市平均分别为 79 452 人・年和 7 223 人・年。

3. 创新产出，北京优势明显，津沪排名靠前，除河北外，其余省份差异不大

在创新产出方面，京津冀城市群内北京得分为 99.474 3，排在第一位，与其他地区相比具有较大优势；天津得分为 57.418 6，排在第二位；河北省的分 12.820 2，处于末位水平，且与各区域相比差距过大。长三角城市群内，排在第一位的是上海，得分 50.627 9，总体排在第三位，与天津水平相当；江苏省得分 38.118 7，总体排名第 5，在长三角城市群内处于中间水平；浙江省得分 30.168 2，仅高于河北省，但与江苏省差距不大。珠三角城市群内，广东省得分为 42.940 1，总体排名第四，处于中间水平。

从专利数量来看，京沪优势显著，天津其次，除河北过低外，其余省份差异不大。2015 年京沪企业发明专利总量差别不大，分别为 10 281 件和 10 740 件，从企业平均水平来看，分别为 2.90 件和 3.03 件，上海略好于北京，天津则紧随其后，企业发明专利总量和平均量分别为 5 607 件和 1.83 件。从省域层面来看，江苏、广东两省总体较好，企业专利发明总量和平均量分别为 41 744 件、51 672 件和 11.77 件、14.56 件，从全省层面来看，广东优于江苏，但是平均到地级市层面江苏略好于广东，二者总体水平差距不大；其次是浙江省，其企业专利发明总量为 17 242 件，平均量为 4.86 件；河北省则

处于末位，企业专利发明总量仅为 3 393 件，平均量为 0.96 件，河北省每个企业专利发明数不足 1 件，差距也不小。从新产品开发来看，京津沪位居三甲，旗鼓相当，长三角各省优于其他地区。2015 年，上海新产品开发项目数总量最高为 14 378 项，其次为北京 10 580 项，天津排第三位 9 800 项，从企业平均新产品开发项目数来看，三者分别为 4.05 项、2.98 项和 2.76 项，北京企业平均水平更为突出，三地水平差异不大。从省域层面来看，长三角地区的江苏与浙江两地企业新产品开发总量相对较高，分别为 57 204 项和 55 123 项，广东省为 43 456 项，从企业平均数量看，三省分别为 16.12 项、15.54 项、12.25 项，在地级市层面大致平均为 1.24 项、1.41 项、0.64 项，江苏与浙江水平接近，广东省略低；河北省不论从总量还是平均量来看，均差异显著，分别为 7 489 项、2.11 项，从地级市平均来看仅为 0.19 项。

4. 创新环境，北京相对较好，除河北最弱以外，其他地区水平相当

在创新环境方面，京津冀城市群内北京得分为 80.521 6，排在第一位；其次是天津，得分为 60.942 3，总体排名第三；河北省得分为 24.567 5，在三大城市群中排名末位。长三角城市群内，上海排在前列，得分 58.305 0，总体排名第四；江苏与上海差距不大，得分为 56.006 6，总体排名第五；浙江省相对落后，得分为 44.422 5，总体排名第六。珠三角城市群内，广东省得分为 61.769 9，总体排名第二，仅次于北京。

从财政支持来看，北京科技投入占比最高，河北省科技投入占比不足 1%，其他地区在 3%~4%，水平差异不大。2015 年北京科技支出为 287.80 亿元，占比 5.11%；上海科技支出为 271.85 亿元，占比 4.39%；天津科技支出为 120.82 亿元，占比为 3.74%，三个核心城市中北京科技支出占比最高，财政投入力度较大。在省域层面，广东省科技支出总量最高达到 569.55 亿元，占比水平超过京沪两市，为 4.44%；其次是江苏省，科技支出为 371.96，占比 3.84%，高于天津；浙江省排名靠后，科技支出总量为 250.79 亿元，占比 3.77%，与天津市接近，略高于天津；河北省排在最末位，科技支出为 45.50 亿元，占比仅为 0.81%。从行业发展来看，北京科技服务业企业数量规模最大，津沪水平接近，河北相对落后。2015 年，北京从事科学研究和技术服务业的企业总量为 92 262 家，远高于其他地区，天津为 28 149 家，上海为 21 533 家，二者水平相当，但与北京相比还有一定规模上的差距。从省域层面来看，江苏省科学研究和技术服务业企业数量为 67 730 家，按地级市平均

水平达到 5 210 家；浙江省从事科学研究和技术服务业的企业总量为 43 731 家，规模上不及广东省的 46 376 家，但按地级市数量进行平均来看，浙江省为 3 976 家，广东省为 2 441 家，浙江平均水平高于广东；河北省科学研究和技术服务企业数为 19 371 家，到 11 个地级市平均为 1 761 家，排在末位。

(三) 基于行业发展的京津冀企业创新能力分析

当前，京津冀协同发展已经进入重点突破、抓好落实的关键阶段，以非首都功能疏解为核心，京津冀地区通过产业转移升级、结构优化，进而打造若干个世界级的产业集群。从区域经济主体的角度出发，产业的发展着眼于生产力布局的宏观领域，由行业组成；行业发展着眼点于企业或组织生产产品的微观领域，由企业或组织组成。因此，对京津冀企业创新能力的评价，不应仅局限于企业本身，还应该从行业发展的角度，分析和梳理当前京津冀不同区域在相关领域的创新能力水平，在此基础上，针对区域发展现状和禀赋条件，科学引导，合理配置资源，通过错位发展，提升地区创新资源在产业链上的衔接能力和辐射能力，为加快创新驱动发展探寻更大的空间潜能，为推动经济转型升级寻找科学有效的现实抓手。本书充分利用企业大数据，就北京、天津、河北三地以及京津冀地区企业创新能力较高的 9 个地区（海淀区、朝阳区、西城区、丰台区、东城区、北京开发区、昌平区、滨海新区和石家庄市），参照衡量企业创新力水平重要指标中的“高新技术企业数量”和“新增专利数量”两个核心数据，对其各行业①发展的基本情况及创新能力进行有重点和针对性的分析与梳理。

1. 北京：科学技术服务业创新发展优势明显

从整体来看，北京科学研究和技术服务业的高新技术企业数量占比和新增专利数量占比均最高，优势突出。2015 年，北京高新技术企业中科技研究和技术服务业占比为 72.41%，且从 2011 年以来一直处于 72%左右的占比水平；新增专利数量中科学研究和技术服务业占比为 38.48%，随年份变化略有

① 行业分类依照国家统计局颁布的《国民经济行业分类（GB/T 4754—2011）》，具体分类为 A：农、林、牧、渔业；B：采矿业；C：制造业；D：电力、热力、燃气及水生产和供应业；E：建筑业；F：批发和零售业；G：交通运输、仓储和邮政业；H：住宿和餐饮业；I：信息传输、软件和信息技术服务业；J：金融业；K：房地产业；L：租赁和商业服务业；M：科学研究和技术服务业；N：水利、环境和公共设施管理业；O：居民服务、修理和其他服务业；P：教育；Q：卫生和社会工作；R：文化、体育和娱乐业；S：公共管理、社会保障和社会组织；T：国际组织（由于 S 和 T 行业相对特殊且涉及企业数量较少，因此在分析过程中将其舍弃）。

降低，但优势依旧明显。与此同时，2013—2015 年电力、热力、燃气及水生产和供应业新增专利数量占比增长迅速，约占到 25%，制造业、信息传输软件和信息技术服务业两个行业新增专利数量占比也相对较高，2011—2015 年二者分别平均约占 18%和 10%，但近年来制造业呈现逐步递减的趋势。在存续企业占比方面，2011—2015 年间，北京地区科学研究和技术服务业、批发和零售业两个行业的存续企业数量占比分别位居前两名，且不同年份变化不大，水平相当，各约占 25%。租赁和商业服务业位居第三名，呈逐年递增趋势，占比在 15%~19%之间。文化、体育和娱乐业位居处在第四名，各年份占比均在 8%左右。其他行业在北京的占比都相对较低，基本都不足 3%，见图 4-16。

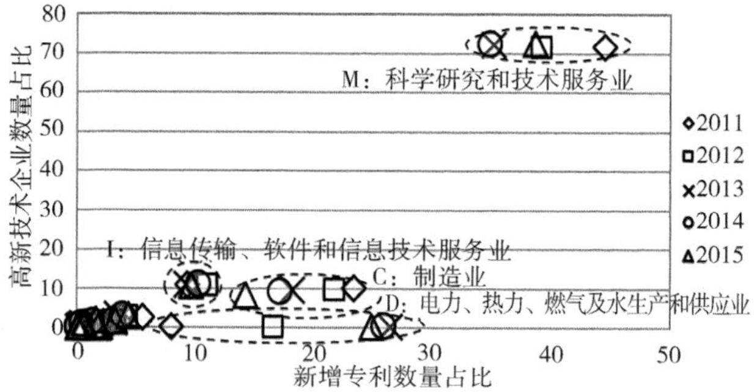

图 4-16　2011—2015 年北京市各行业高新技术企业数量及新增专利数量占比情况

2. 天津：制造业与科学技术服务业创新水平较高

与北京不同，天津的高新技术企业数量占比和新增专利数量占比除科学研究和技术服务业表现突出以外，制造业优势更为明显，但从纵向变化趋势来看，科学研究和技术服务业的新增专利数量呈现递增趋势，而制造业则逐年递减。且除上述两个行业以外，其他行业的创新能力都相对不高。天津制造业实力雄厚，科学研究与技术服务业创新水平也相对突出，为天津打造全国先进制造研发基地，并向创新驱动发展模式转变打下了良好的基础。从存续企业数量来看，天津地区批发和零售业占比最高，2011—2015 年变化不大，约为 29%。近年来，制造业与科学研究和技术服务业二者变化趋势相反，占比水平相当，制造业占比下降，科学研究和技术服务业占比上升，2015 年，科学研究和技术服务业所占比重（17.26%）超过制造业所占比重（14.86%）。除此以外，租赁和商业服务业占比呈逐年递增趋势，排在第 4 位，2015 年占比达到 10. 80%。其余各行业的占比均在 6%以下，相对较低，见图 4-17。

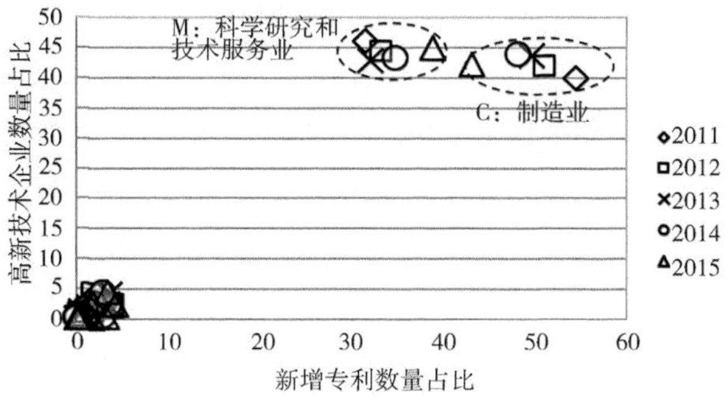

图 4-17　2011—2015 年天津市各行业高新技术企业数量及新增专利数量占比情况

3. 河北：制造业创新发展基础及创新产出能力突出

在涉及地区创新能力的高新技术企业数量占比和新增专利数量占比方面，河北与北京、天津差距较大，其制造业表现尤为突出，而科学研究和技术服务业则落后较大。2011—2015 年，河北 制造业在高新技术企业数量占比和新增专利数量占比虽有所下降，但是优势仍十分明显，基本占到 55%~80%。近年来科学研究和技术服务业提升较快，在 2015 年接近 20%。同时电力、热力、燃气及水生产和供应业在新增专利数量占比方面略有波动，其他行业则创新能力表现都相对不足，见图 4-18。

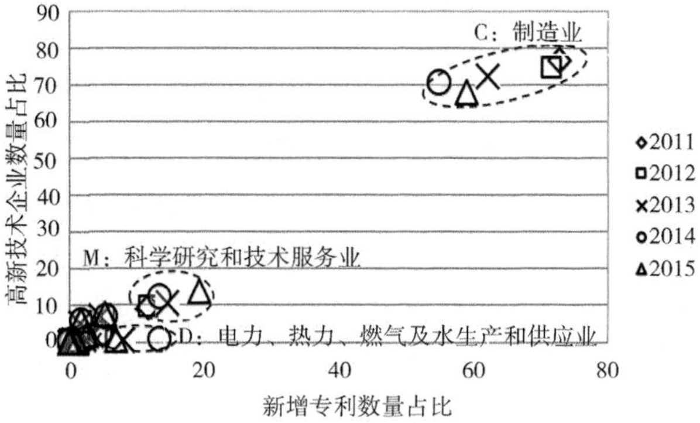

图 4-18　2011—2015 年河北省各行业高新技术企业数量及新增专利数量占比情况

4. 部分重点地区各行业企业创新能力现状

(1) 北京西城区和东城区：科学技术服务业创新发展基础较好，基础设施建设领域具有较高的创新产出水平。

西城区高新技术企业占比方面，西城区科学研究和技术服务业优势明显，且在 2015 年占比达 71.58%；其次为信息传输软件和信息技术服务业，约占 7.68%；制造业、批发和零售业、租赁和商业服务业三个行业占比水平接近，且在 2015 年分别占地区高新技术企业总量的 4.98%、4.36%、4.36%；其余各行业占比均低于 3%。在新增专利数量方面，西城区电力、热力、燃气及水生产和供应业占比最大，且逐年递增趋势明显，由 2011 年的 39.24%上升至 2015 年的 81.87%；科学研究和技术服务业占比 11.29%；信息传输软件和信息技术服务业表现出明显的递减趋势，2015 年占比为 2.27%；其他各行业的占比则均低于 2%。从地区存续企业数量来看，西城区批发和零售业、租赁和商业服务业、科学研究和技术服务业、文化体育和娱乐业、住宿和餐饮业在地区存续企业数量行业排名中排在前五位，且在 2015 年的占比水平分别为：27.86%、22.05%、21.28%、9.84%和 4.77%，其他各行业占比则在 3%以下。值得注意的是，西城区聚集了大量的金融机构总部，但是金融业整体的创新能力表现不佳，2011—2015 年在高新技术企业总量中占比均不足 1%，在 0.5%~0.8%，而新增专利数量占比也基本在 1%左右，见图 4-19。

东城区高新技术企业占比方面，2011—2015 年，东城区科学研究和技术服务业与信息传输软件和信息技术服务业占比排在前两位，基本波动不大，分别保持在 58%~63%和 12%~14%水平之上；文化体育和娱乐业、租赁和商业服务业、批发和零售业三个行业在 2015 年占比水平相当，均在 5%；其余各行业则占比较低，均不足 4%，多数处于 1%水平以下。从新增专利数量来看，东城区电力、热力、燃气及水生产和供应业、采矿业、科学研究和技术服务业三个行业占比排名前三位，2015 年分别为 35.21%、27.52%、18.24%，且科学研究和技术服务业占比近年来增长较快，而电力、热力、燃气及水生产和供应业则有明显下降；租赁和商业服务业、制造业在该地区新增专利数量占比水平接近，2015 年均为 6%左右；其他各行业占比则不足 2%。从存续企业数量来看，批发和零售业、租赁和商业服务业、科学研究和技术服务业、文化体育和娱乐业四个行业占比排名靠前，除租赁和商业服务业近年来占比水平有所上升以外，其他行业在 2011—

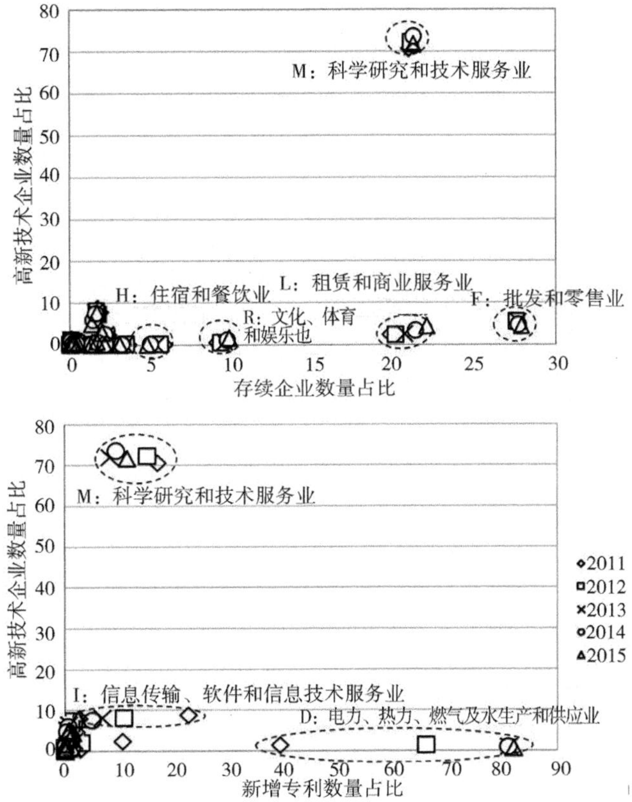

图 4-19　北京西城区各行业创新水平

2015 年波动不大，2015 年东城区前四位行业的存续企业数量占比分别为 27.84%、25.12%、18.51%、11.84%，其余各行业则占比水平较低，均不足 5%，多数在 1%以下，见图 4-20。

（2）海淀区：科学技术服务业创新发展优势明显，信息传输软件和信息技术服务业创新产出水平较高。

从高新技术企业占比情况来看，2011—2015 年，海淀区科学研究和技术服务业优势明显，约占地区全部高新技术企业数量的 80%；其次为信息传输软件和信息技术服务业，占比在 13%～14%，其余各行业占比相对较低，基本都不足 2%。同时，海淀区高新技术企业中占比较高的科学研究和技术服务业与信息传输软件和信息技术服务业，在新增专利数量方面也排名前两位，2015 年分别约为 63.80%和 23.57%，其他各行业则占比均低于 5%，且大多

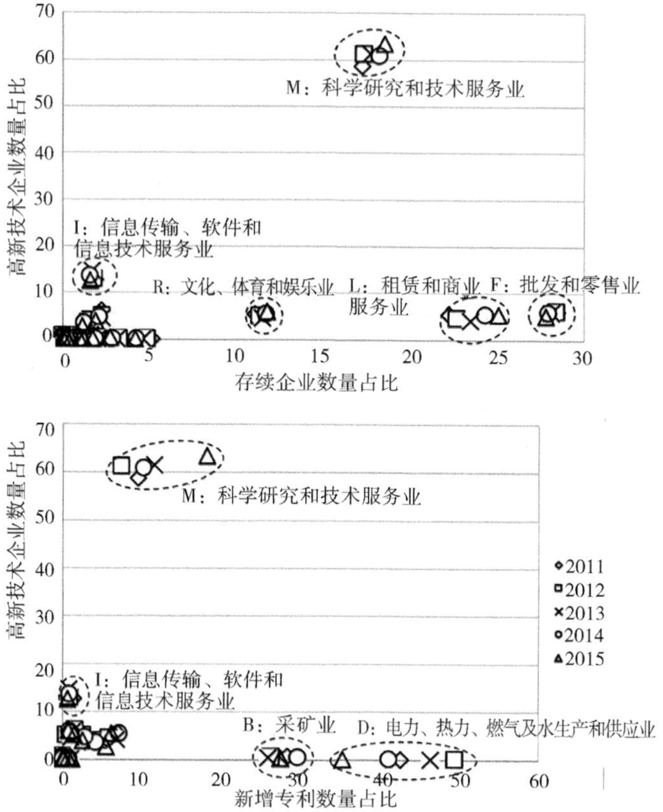

图 4-20　东城区各行业创新水平

数不足 1%。此外，从地区存续企业数量来看，海淀区内科学研究和技术服务业占比最高（约为 42%），租赁和商业服务业、批发和零售业两大行业分列第二名、第三名，2015 年分别为 18.57%和 17.92%，文化体育和娱乐业排在第四位，占比为 7.66%，其余各行业占比则均低于 4%，见图 4-21。

（3）朝阳区和丰台区：科学技术服务业创新驱动基础较好，制造业创新产出水平较高。

朝阳区在高新技术企业占比方面，朝阳区科学研究和技术服务业、信息传输软件和信息技术服务业占比排在前两位，2011—2015 年分别约在 63%~66%和 13%~15%，其余各行业占比相对较低。从新增专利数量来看，朝阳区在制造业方面具有较大的优势，2011—2014 年，制造业在新增专利数量方面基本占该地区的 55%左右，2015 年有较为明显的下降，占比达 43.73%，但仍

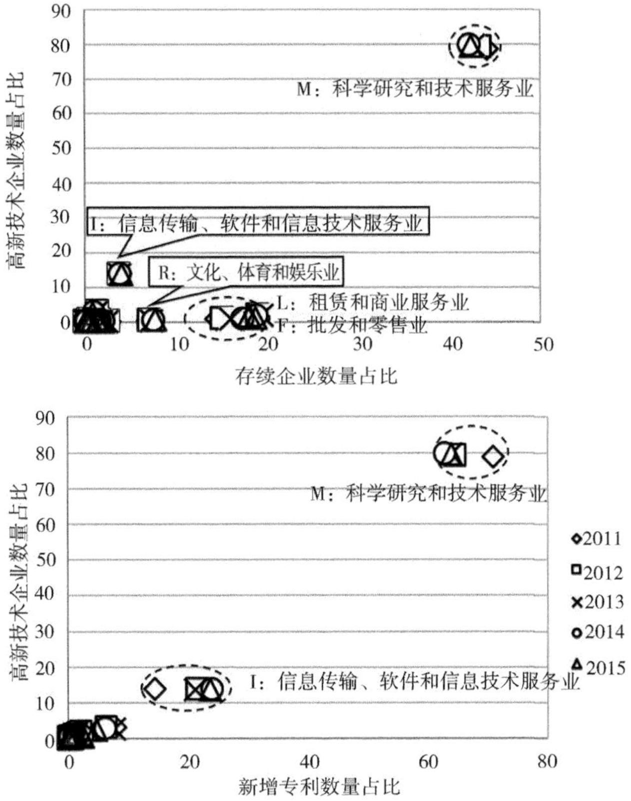

图 4-21 海淀区各行业创新水平

旧排名第一；其次为科学研究和技术服务业、信息传输软件和信息技术服务业，2015 年占比分别为 28. 86%和 11. 77%；除建筑业与批发和零售业占比在 5%左右以外，其余各行业在该地区的新增专利数量中占比均不足 2%。从地区存续企业数量来看，批发和零售业、租赁和商业服务业、科学研究和技术服务业与文化体育和娱乐业四大产业居于前四位，2015 年的占比分别为：26. 42%、24. 08%、22. 25%、11. 87%，其余各行业占比均在 2%以下，见图 4-22。

就丰台区而言，在高新技术企业数量和新增专利数量方面，丰台区科学研究和技术服务业与制造业均分别居于前两位。从高新技术企业数量来看，科学研究和技术服务业优势明显，2011—2015 年，占比均在 78%左右；其次为制造业，逐年略有下降趋势，水平基本保持在 7%～10%；信息传输软件和信息技术服务业、批发和零售业、建筑业三个行业占比在 2%～5%；其他各行

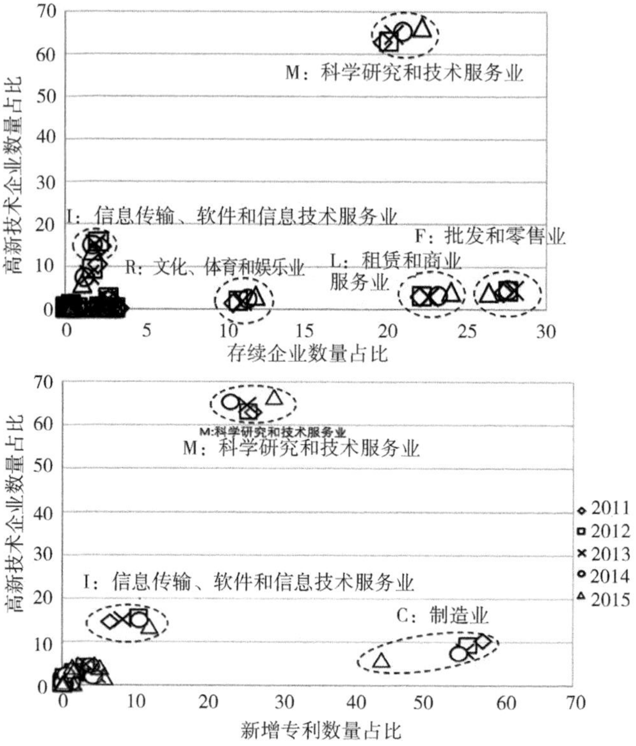

图 4-22　朝阳区各行业创新水平

业占比均低于 2%。从新增专利数量来看，2015 年科学研究和技术服务业占地区总量的 54.74%，排名第一；制造业占比为 25.18%，排名第二；建筑业、批发和零售业、电力、热力、燃气及水生产和供应业位列第三到第五名，分别占 9.35%、4.13%和 3.63%；其余各行业占比水平绝大多数不足 1%。从地区存续企业数量来看，批发和零售业、科学研究和技术服务业、租赁和商业服务业三个行业在丰台区排名靠前，2015 年占比水平分别为：37.24%、23.82%、14.73%，其中批发和零售业、租赁和商业服务业占比呈逐年递增趋势；文化体育和娱乐业与建筑业占比也相对较高，2015 年分别达 7.61%和 4.38%；其他各行业则基本占比均在 2%以下，见图 4-23。

（4）昌平区：科学技术服务业创新能力较强，批发和零售业和制造业具备较高的创新产出水平。

从高新技术企业数量来看，昌平区科学研究和技术服务业占比最高，

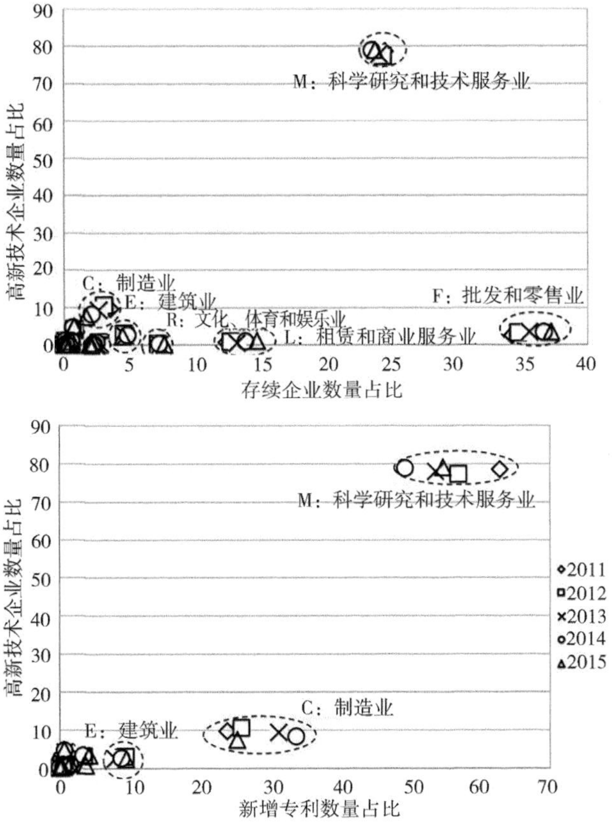

图 4-23　丰台区各行业创新水平

2015 年达 71. 38%；制造业排在第二位，其近年来占比呈现下降的趋势，2015 年占比为 13. 53%；信息传输软件和信息技术服务业与制造业占比分别约为 6%和 4%排在第三、第四位；其余各行业占比均相对较低，不足 2%，且多数位于 1%以下。从新增专利数量来看，昌平区仅科学研究和技术服务业、批发和零售业、制造业三个行业占比水平较高，其余各行业基本低于 3%，但这三个行业，在 2011—2015 年，其均有较大波动，其中除科学研究和技术服务业占比水平上升幅度较大以外，批发和零售业、制造业均有明显下降；2015 年科学研究和技术服务业占比为 53. 19%，远高于批发和零售业（23. 40%）、制造业（15. 91%）。从地区存续企业数量来看，昌平区科学研究和技术服务业、批发和零售业两个行业在地区内的占比水平接近，且位居前两位，二者 2015 年占比分别为 28. 55%和 28. 60%；租赁和商业服务业占比 13. 16%，排名第三；文化体育和娱乐业则排名第四，2015 年占比达 6.26%；其余各行业占比水平均在 3%以下，见图 4-24。

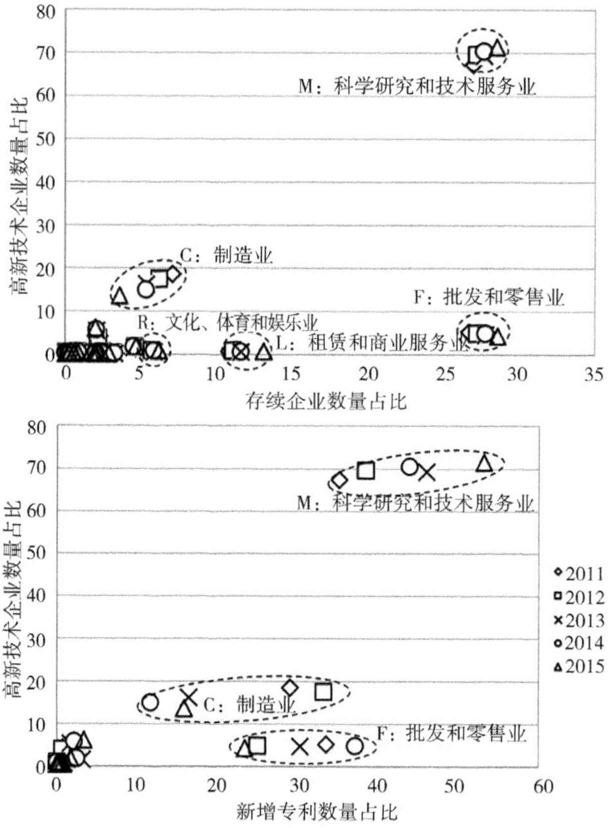

图 4-24　昌平区各行业创新水平

（5）北京亦庄开发区和天津滨海新区：科学技术服务业和制造业创新能力优势明显。

①亦庄开发区。从反映地区创新水平的高新技术企业数量、新增专利数量两项指标综合来看，北京亦庄开发区的科学研究和技术服务业、制造业两个行业优势明显。从高新技术企业数量来看，北京亦庄开发区科学研究和技术服务业占比最高，2015 年达 66.88%；其次为制造业，2015 年占比为 18.02%；信息传输软件和信息技术服务业占比在 6%左右；其余各行业占比

均相对较低，不足3%，且多数位于1%以下。从新增专利数量来看，2015年北京亦庄开发区科学研究和技术服务业、制造业占比为61.74%和17.71%，居前两位；批发和零售业波动较大，2015年占比达13.79%，2011—2014年基本仅占地区总量的3%~4%；其余各行业占比水平则均较低，绝大多数不足1%。从地区存续企业数量来看，科学研究和技术服务业、批发和零售业、信息传输软件和信息技术服务业在北京亦庄开发区内占比排名前三位，2015年这三个行业的占比分别为37.71%、20.41%和18.23%；制造业则呈现出下降趋势，存续企业占比水平由2011年的8.48%下降至2015年的4.22%；其余各行业占比水平则相对较低，除文化体育和娱乐业2015年占比为5.24%以外，均低于3%，见图4-25。

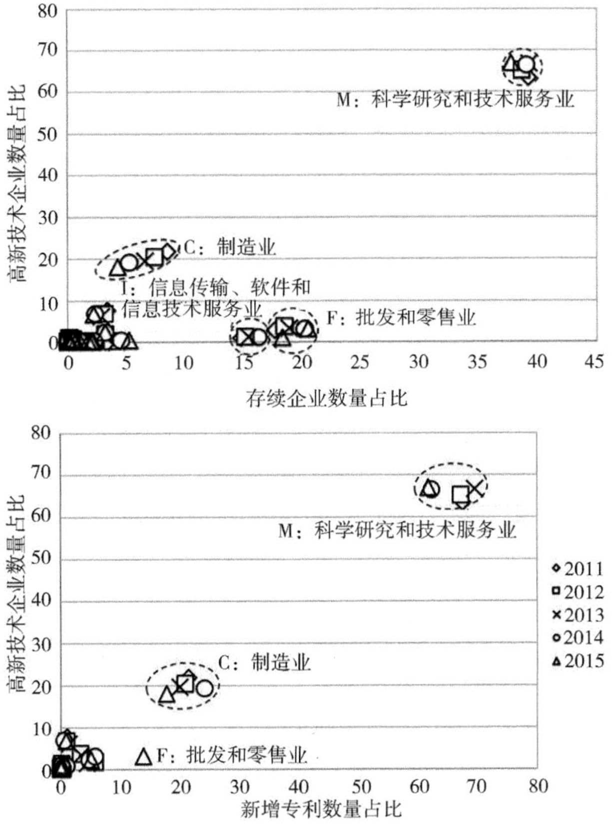

图4-25 北京开发区各行业创新水平

②天津滨海新区。从反映地区创新水平的高新技术企业数量、新增专利数量两项指标综合来看，滨海新区科学研究和技术服务业、制造业两个行业优势明显，均排名前两位。从高新技术企业数量来看，滨海新区科学研究和技术服务业占比排名最高，在2011—2015年间呈现略微增长的趋势，2015年占比达54.98%；制造业占比排名第二，占比呈现递减趋势，2015年为29.77%；信息传输软件和信息技术服务业占比5%排名第三，其他各行业则占比较低，均不足3%。在新增专利数量方面，2015年滨海新区科学研究和技术服务业以47.71%的占比排在第一位，制造业位居第二，占比达25.92%，建筑业、信息传输软件和信息技术服务业、采矿业三个行业占比分别为6.32%、5.97%、5.79%，处于第三至五位，其余各行业占比则均不足3%。从地区存续企业数量来看，滨海新区批发和零售业占比水平最高且较为稳定，多年来均处于27%，在2011—2015年，科学研究和技术服务业与制造业占比水平波动较大，前者逐年上升，后者则呈下降趋势，2015年占比分别为21.39%和9.46%；2015年租赁和商业服务业也随年份变化而递增，占比水平略高于制造业，达10.57%；交通运输仓储和邮政业、建筑业、金融业三个行业存续企业数量占比从2014年开始都有明显上升，基本处于6%；其他各行业则占比较低，不足3%，见图4-26。

（6）石家庄市：制造业、租赁和商业服务业创新基础好，制造业、科学技术服务业创新产出水平较高。

从高新技术企业数量来看，石家庄市批发和零售业虽然占比最高，但呈下滑态势，从2012年的45.95%下降至2015年21.54%，制造业也同样呈现递减态势，其2012年为27.03%，2015年为21.54%；租赁和商业服务则波动相对较小，基本保持在18%左右；信息传输软件和信息技术服务业、科学研究和技术服务业2015年占比为9%左右；其余均在3%以下。从新增专利数量来看，2012—2015年，石家庄各行业逐年变化较大，尤其是制造业与科学研究和技术服务业，制造业由2012年56.63%的占比水平下滑至2015年的38.36%，科学研究和技术服务业则从2012年的18.11%上升至2015年的38.42%，略高于制造业；租赁和商业服务业、电力热力燃气及水生产和供应业同样呈现下降态势，二者在2015年的占比水平分别为2.37%和4.56%；批发与零售业随年份变化不大基本保持在10%~12%；其余各行业则占比不足3%。从存续企业数量来看，石家庄市批发和零售业、制造业、租赁和商业服

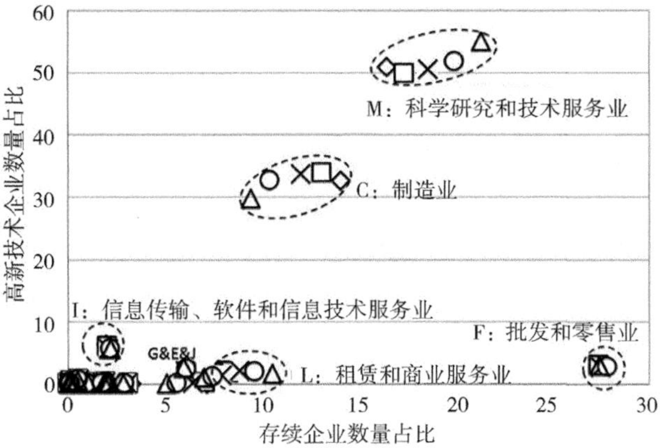

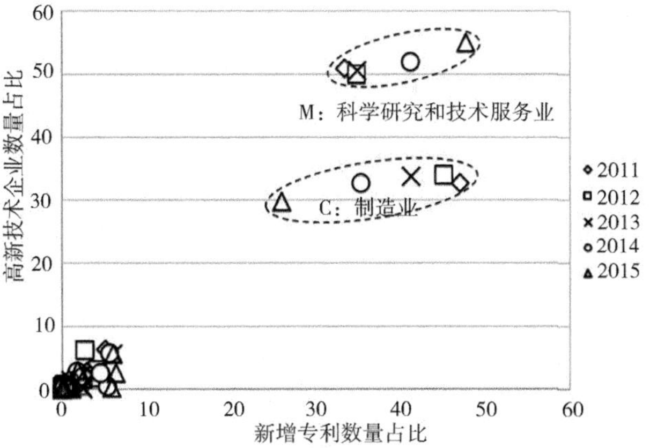

图 4-26　滨海新区各行业创新水平

务业排名靠前，2015 年分别占比 35. 18%、13. 13%、10. 85%；2015 年农林牧渔业、科学研究和技术服务业、建筑业三个行业占石家庄地区存续企业总量的比重基本接近，分别为 7. 99%、7. 82%、7. 08%，且除农林牧渔业近年来呈下降趋势以外，其余两个行业在地区内的占比均有所上升；其他行业则占比基本在 4%以下，见图 4-27。

（四）基于产业结构升级的京津冀企业创新能力研究

1. 京津冀企业创新与产业结构升级耦合度测算结果

基于构建的指标体系和测算模型，本书分别对北京、天津、河北三地以及京津冀区域 2009—2015 年企业创新能力与产业结构升级的系统关联度和耦合度进行测算，得出结果见表 4-10、图 4-28、表 4-11、表 4-12、表 4-13、表 4-14。

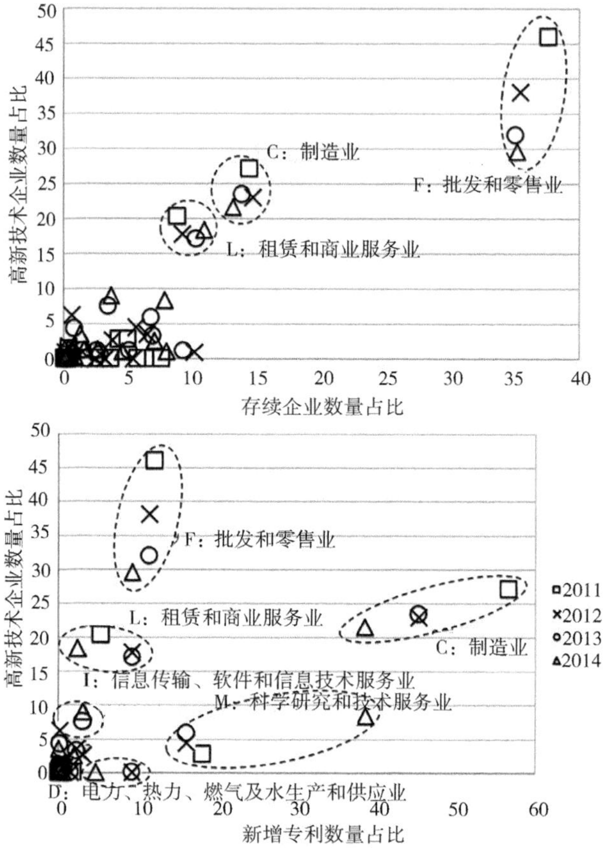

图 4-27　石家庄市各行业创新水平

表 4-10　2009—2015 年京津冀三地企业创新能力与产业结构升级系统耦合度

	2009	2010	2011	2012	2013	2014	2015
京津冀	0. 601 4	0. 607 5	0. 635 8	0. 618 1	0. 618 0	0. 620 8	0. 662 9
北京	0. 702 0	0. 650 2	0. 704 4	0. 611 6	0. 651 7	0. 639 7	0. 705 6
天津	0. 637 4	0. 640 9	0. 621 5	0. 603 3	0. 635 7	0. 600 4	0. 581 5
河北	0. 632 5	0. 579 6	0. 634 5	0. 606 0	0. 576 2	0. 616 2	0. 679 4

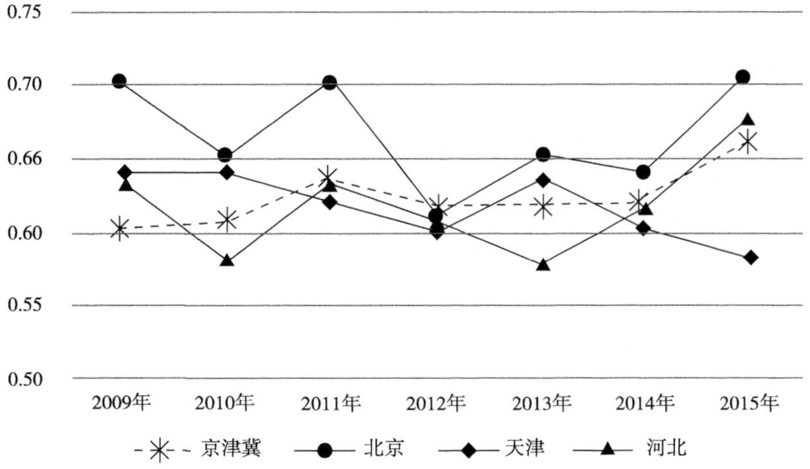

图 4-28　2009—2015 年京津冀地区企业创新能力与产业结构升级系统耦合度图示

2. 京津冀企业创新与产业结构升级耦合现状及程度

根据测算的相关结果，本书从以下几个方面展开分析并总结如下：

（1）从阶段水平来看，京津冀企业创新能力与产业结构升级系统总体处于耦合发展期，不同地区发展程度存在较明显分层。

具体来看，就京津冀区域整体的企业创新能力而言，其企业创新能力与产业结构升级系统耦合度基本在 0.6～0.67，属于发展期，且位于发展期的中间水平，说明区域内企业创新能力与产业结构升级系统已经具有较强的相互作用。北京、天津、河北三地系统耦合度均在 0.5～0.7，处于耦合发展期，但三地发展的程度差异还较为明显，总体来看，北京位于发展期高水平耦合层次，河北位于发展期中等水平耦合层次，而天津位于发展期低水平耦合层次。

（2）从变化趋势来看，京津冀区域企业创新能力与产业结构升级系统耦合度呈现小幅波动上升态势，其中河北上升趋势明显，且在逐步反超天津，北京波动较为显著，天津则有所下降。

具体来看，京津冀区域 2009—2015 年系统耦合度由 0.601 4 调整为 0.662 9，呈小幅稳步上升态势，其中 2011 年增长较为明显，系统耦合度为 0.635 8，仅次于 2015 年的系统耦合度（0.662 9）；北京、天津、河北三地中，北京和河北的波动趋势较为一致，天津则与二者存在一定差异，2009—2015 年，北京总体呈“W”形变化，即 2009 年、2011 年和 2015 年其企业创新能力与产业结构升级系统耦合度处于高位，均超过 0.7，分别达到 0.702 0、

表 4-11　北京企业创新能力与产业结构升级耦合作用关联度(权重)

北京		高度化						合理化						平均	
		y_1	y_2	y_3	y_4	y_5	y_6	y_7	y_8	y_9	y_{10}	y_{11}	y_{12}		
创新投入	x_1	0.84	0.70	0.46	0.75	0.74	0.57	0.88	0.81	0.52	0.76	0.52	0.84	0.70	0.676 6
	x_2	0.83	0.60	0.41	0.65	0.64	0.59	0.75	0.70	0.47	0.77	0.49	0.73	0.64	
	x_3	0.79	0.68	0.44	0.75	0.73	0.62	0.82	0.82	0.52	0.69	0.53	0.84	0.69	
	x_4	0.84	0.68	0.47	0.73	0.72	0.57	0.90	0.85	0.54	0.72	0.51	0.88	0.70	
	x_5	0.79	0.64	0.48	0.70	0.68	0.56	0.78	0.76	0.54	0.76	0.45	0.78	0.66	
创新产出	x_6	0.81	0.65	0.44	0.70	0.69	0.57	0.84	0.79	0.48	0.72	0.49	0.81	0.67	0.667 1
	x_7	0.81	0.65	0.44	0.71	0.69	0.59	0.86	0.80	0.48	0.69	0.50	0.83	0.67	
	x_8	0.82	0.64	0.47	0.69	0.67	0.55	0.81	0.77	0.54	0.77	0.45	0.80	0.67	
	x_9	0.87	0.60	0.45	0.65	0.65	0.58	0.83	0.78	0.50	0.78	0.51	0.79	0.67	
创新环境	x_{10}	0.81	0.60	0.49	0.65	0.63	0.65	0.81	0.79	0.53	0.66	0.53	0.77	0.66	0.655 8
	x_{11}	0.54	0.70	0.75	0.72	0.64	0.64	0.59	0.61	0.74	0.54	0.62	0.62	0.64	
	x_{12}	0.75	0.72	0.53	0.78	0.77	0.54	0.91	0.91	0.53	0.69	0.53	0.95	0.72	
	x_{13}	0.46	0.58	0.84	0.51	0.51	0.56	0.50	0.52	0.81	0.44	0.73	0.52	0.58	
	x_{14}	0.64	0.74	0.51	0.85	0.84	0.52	0.75	0.78	0.47	0.67	0.55	0.82	0.68	
	平均	0.76	0.66	0.51	0.70	0.69	0.58	0.79	0.76	0.55	0.69	0.53	0.78	0.67	
		0.649 1						0.681 3							

表 4-12 天津企业创新能力与产业结构升级耦合作用关联度(权重)

天津		高度化						合理化							
		y_1	y_2	y_3	y_4	y_5	y_6	y_7	y_8	y_9	y_{10}	y_{11}	y_{12}	平均	
创新投入	x_1	0.72	0.62	0.63	0.46	0.74	0.50	0.89	0.54	0.44	0.55	0.44	0.74	0.61	0.617 8
	x_2	0.73	0.61	0.64	0.45	0.73	0.52	0.95	0.57	0.44	0.58	0.47	0.73	0.62	
	x_3	0.75	0.60	0.62	0.42	0.72	0.58	0.86	0.67	0.48	0.63	0.52	0.71	0.63	
	x_4	0.78	0.57	0.66	0.45	0.71	0.55	0.95	0.61	0.45	0.60	0.48	0.68	0.62	
	x_5	0.83	0.53	0.64	0.46	0.65	0.55	0.82	0.62	0.46	0.61	0.50	0.64	0.61	
创新产出	x_6	0.84	0.55	0.67	0.42	0.68	0.56	0.86	0.65	0.45	0.58	0.48	0.65	0.62	0.618 3
	x_7	0.82	0.55	0.68	0.44	0.68	0.56	0.88	0.61	0.44	0.57	0.47	0.65	0.61	
	x_8	0.70	0.53	0.70	0.46	0.68	0.65	0.74	0.60	0.50	0.73	0.61	0.65	0.63	
	x_9	0.82	0.57	0.67	0.42	0.70	0.54	0.87	0.63	0.44	0.57	0.47	0.67	0.62	
创新环境	x_{10}	0.72	0.60	0.71	0.49	0.75	0.54	0.91	0.59	0.44	0.58	0.45	0.72	0.62	0.615 9
	x_{11}	0.78	0.57	0.66	0.46	0.71	0.53	0.90	0.58	0.42	0.58	0.47	0.68	0.61	
	x_{12}	0.79	0.57	0.67	0.46	0.70	0.54	0.95	0.59	0.44	0.59	0.47	0.68	0.62	
	x_{13}	0.45	0.60	0.49	0.79	0.57	0.57	0.43	0.59	0.86	0.51	0.68	0.57	0.59	
	x_{14}	0.62	0.68	0.66	0.51	0.88	0.49	0.79	0.50	0.51	0.62	0.46	0.84	0.63	
	平均	0.74	0.58	0.65	0.48	0.71	0.55	0.84	0.60	0.48	0.59	0.50	0.69	0.62	
		0.617 7						0.616 8							

表 4-13　河北企业创新能力与产业结构升级耦合作用关联度（权重）

河北		高度化						合理化						平均	
		y_1	y_2	y_3	y_4	y_5	y_6	y_7	y_8	y_9	y_{10}	y_{11}	y_{12}		
创新投入	x_1	0.62	0.71	0.87	0.61	0.71	0.70	0.68	0.69	0.48	0.52	0.48	0.73	0.65	
	x_2	0.79	0.58	0.74	0.49	0.60	0.60	0.89	0.84	0.42	0.43	0.48	0.59	0.62	
	x_3	0.60	0.75	0.84	0.59	0.74	0.66	0.66	0.66	0.45	0.56	0.47	0.77	0.64	0.625 6
	x_4	0.78	0.59	0.75	0.50	0.60	0.58	0.87	0.88	0.44	0.44	0.45	0.60	0.62	
	x_5	0.80	0.53	0.68	0.49	0.56	0.59	0.81	0.75	0.42	0.45	0.47	0.54	0.59	
创新产出	x_6	0.84	0.59	0.71	0.47	0.59	0.55	0.87	0.88	0.42	0.42	0.43	0.56	0.61	
	x_7	0.82	0.59	0.71	0.50	0.57	0.55	0.85	0.84	0.44	0.44	0.42	0.55	0.61	0.605 1
	x_8	0.71	0.55	0.68	0.54	0.55	0.63	0.69	0.64	0.44	0.50	0.49	0.56	0.58	
	x_9	0.80	0.59	0.74	0.49	0.60	0.56	0.90	0.90	0.44	0.43	0.43	0.58	0.62	
创新环境	x_{10}	0.62	0.74	0.86	0.58	0.72	0.67	0.67	0.67	0.45	0.55	0.46	0.75	0.64	
	x_{11}	0.65	0.42	0.54	0.57	0.46	0.62	0.62	0.66	0.69	0.55	0.65	0.53	0.58	
	x_{12}	0.85	0.55	0.76	0.52	0.56	0.58	0.93	0.93	0.44	0.44	0.46	0.59	0.63	0.620 0
	x_{13}	0.42	0.59	0.59	0.73	0.58	0.68	0.44	0.45	0.76	0.71	0.75	0.60	0.61	
	x_{14}	0.70	0.73	0.74	0.53	0.73	0.56	0.71	0.75	0.46	0.56	0.43	0.69	0.63	
	平均	0.71	0.61	0.73	0.54	0.61	0.61	0.76	0.75	0.48	0.50	0.49	0.62	0.62	
		0.636 4						0.601 9							

表 4-14 京津冀企业创新能力与产业结构升级耦合作用关联度（权重）

河北		高度化						合理化						平均	
		y_1	y_2	y_3	y_4	y_5	y_6	y_7	y_8	y_9	y_{10}	y_{11}	y_{12}		
创新投入	x_1	0.72	0.67	0.61	0.68	0.67	0.55	0.85	0.80	0.47	0.46	0.47	0.65	0.63	0.6312
	x_2	0.88	0.60	0.57	0.61	0.62	0.61	0.86	0.84	0.44	0.42	0.47	0.59	0.63	
	x_3	0.64	0.75	0.56	0.75	0.77	0.54	0.73	0.68	0.49	0.58	0.50	0.81	0.65	
	x_4	0.82	0.59	0.60	0.61	0.61	0.61	0.93	0.85	0.48	0.44	0.48	0.63	0.64	
	x_5	0.90	0.54	0.61	0.56	0.55	0.61	0.77	0.82	0.45	0.46	0.48	0.52	0.61	
创新产出	x_6	0.86	0.57	0.58	0.59	0.59	0.57	0.83	0.81	0.43	0.42	0.46	0.58	0.61	0.607 8
	x_7	0.86	0.56	0.57	0.59	0.59	0.58	0.83	0.83	0.44	0.42	0.47	0.58	0.61	
	x_8	0.78	0.52	0.62	0.54	0.55	0.69	0.73	0.75	0.42	0.46	0.46	0.52	0.59	
	x_9	0.89	0.56	0.60	0.57	0.58	0.60	0.86	0.88	0.45	0.44	0.48	0.58	0.63	
创新支撑	x_{10}	0.67	0.72	0.58	0.72	0.72	0.55	0.78	0.72	0.47	0.54	0.48	0.76	0.64	0.628 3
	x_{11}	0.57	0.60	0.63	0.60	0.60	0.64	0.58	0.60	0.66	0.55	0.58	0.67	0.61	
	x_{12}	0.79	0.61	0.63	0.62	0.62	0.59	0.94	0.88	0.47	0.46	0.47	0.65	0.65	
	x_{13}	0.43	0.59	0.63	0.54	0.52	0.58	0.45	0.46	0.88	0.74	0.78	0.53	0.59	
	x_{14}	0.67	0.75	0.57	0.75	0.76	0.55	0.78	0.72	0.48	0.55	0.49	0.77	0.65	
	平均	0.75	0.62	0.60	0.62	0.63	0.59	0.78	0.76	0.50	0.50	0.51	0.63	0.62	
		0.634 0						0.613 0							

0.704 4 和 0.705 6，其余各年份耦合水平相差不大，基本维持在 0.63～0.65 范围内。天津的其变化趋势基本与北京相反（总体呈“倒 W”型变化），波动相对较小，系统耦合度水平基本维持在 0.6～0.64 左右，其中，2010 年最高（0.640 9），2015 年最低（0.581 5）。河北的系统耦合度变化趋势与北京极为接近，且耦合水平处于高位的年份也落在 2009 年、2011 年和 2015 年三个时间点上，尤其是 2015 年上升明显，已达到 0.679 4。

（3）从影响因素来看，北京、天津和河北三地系统耦合影响因素各有不同。

在企业创新能力方面，京津冀区域总体创新投入、创新环境对其系统耦合度的作用相对显著，分别为 0.631 2 和 0.628 3，而创新产出的作用相对较弱，为 0.607 8。在产业结构升级方面，产业结构高度化对系统耦合度作用更为明显，达到 0.63 40，产业结构合理化则为 0.613 0。由此来看，一方面，京津冀区域企业创新能力对系统耦合的作用水平相对较高，其中创新投入、创新环境对系统耦合的作用效果较为明显，而创新产出的作用还稍有不足，由此说明目前该地区企业创新能力系统各方面作用力度还不够突出，尤其需要着力提升产出水平；另一方面，对系统耦合的作用京津冀区域产业结构高度化高于产业结构合理化，反映出当前京津冀产业结构集约化效应开始凸显，但其可持续性不高，应更加注重绿色循环发展。

在企业创新能力方面，北京地区创新投入和产出对系统耦合作用较强，分别为 0.676 6 和 0.667 1，创新环境对系统耦合的作用相对较弱，为 0.655 8。在产业结构升级方面，北京产业结构高度化和合理化作用差异相对显著，对系统耦合的影响合理化高于高度化，二者分别为 0.681 3 和 0.649 1。由此来看，一方面，北京企业在创新投入和产出上作用明显，具有较强的原始创新科研能力和产出能力，但北京仍应进一步完善区域创新环境，强化环境支撑力，为企业创新提供良好氛围；另一方面，北京产业具备较强的可持续发展能力，未来还应更加注重集约化发展，推动产业高端化升级。

在企业创新能力方面，天津地区创新投入、创新产出、创新环境对其系统耦合度的影响作用基本一致，分别为 0.617 8、0.618 3 和 0.615 9；在产业结构升级方面，产业结构高度化和合理化对系统耦合的作用分别为 0.617 7 和 0.616 8，其中合理化影响程度略高。由此来看，一方面，天津企业创新能力对区域产业结构升级的影响与北京还存在较大差距，且其在创新投入、产出、环境等各方面都不够突出，仍需进一步推动区域企业整体提升创新能力；另一方面天津产业集约化程度和产业可持续性也明显低于北京，要尽快推动产业结构优化升级，在发展高新技术产业的同时更应注重对环境的影响，更加合理充分利用资源，促使产业向环境友好型方向推进。

在企业创新能力方面，河北地区创新投入和环境对系统耦合作用影响较大，分别为 0.625 6 和 0.620 0，而创新产出作用明显不足，为 0.605 1；在产业结构升级方面，河北产业结构高度化的影响作用明显高于产业结构合理化，二者分别为 0.636 4 和 0.601 9。由此来看，一方面，河北企业应更加注重创新产出能力的提升，增强企业创新转化能力；另一方面，河北产业在环境方面还面临较大压力，突破现有产业结构对环境的恶化影响有利于推动地区经济更好发展。

三、基于三度融合的测度分析

（一）基于联系度的测度

通过对京津冀的联系度进行测度，可以得出：京津联系最为密切，河北石家庄和唐山两市在区际联系中优势明显。

1. 京津冀地区经济联系的空间分布具有明显的“核心—边缘”特征

运用引力模型对总体区域联系度进行测度，得出：北京、天津、廊坊三地间的经济联系较强，形成了以“北京—廊坊—天津”为支点的基本骨架。北京与天津、北京与廊坊的经济联系强度均高于 2 000，分别为 2 131.7 和 2 673.6，天津与廊坊的经济联系强度为 775.9；河北各地级市中，石家庄、保定两地与其他城市联系较为紧密，在区域内部的辐射带动作用初步显现；而位于北部的秦皇岛、承德、张家口与各城市的经济联系度很弱。总的来看，京津冀地区各城市间的经济联系呈现“南北疏、中心密”的特点，见图 4-29。

2. 京津之间、京石之间联系最为紧密，北部地区（张家口、承德）与区域内核心城市及其他城市联系度都较弱

运用交通联系量模型对区域交通联系度进行测度，得出：2017 年北京与天津之间的交通联系量最大，为 139.6，是京津冀平均值（17.2）的 8.1 倍；北京与石家庄之间的交通联系量其次，为 112.1，是平均值的 6.5 倍。交通联

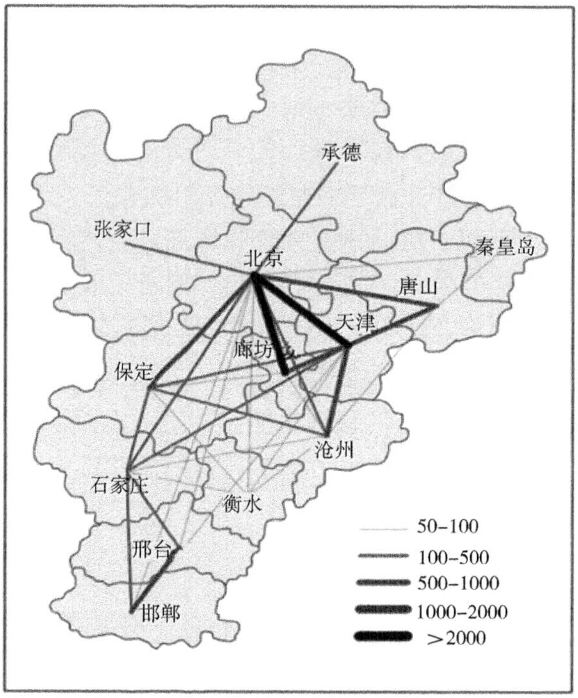

图 4-29　京津冀引力模型①

资料来源：根据 2016 年京津冀“2+11”统计公报数据计算所得。

系量处于 50~100 的有石保、京保、石邯、津唐、石邢、唐秦，分别为 87. 8、67. 1、63. 8、58. 7、55. 9、52. 6，是平均值的 3 倍以上，见图 4-30。

表 4-15　2017 年京津冀各地级市交通联系总量

城市	交通联系总量（E_i）	排名
北京市	520. 0	1
石家庄市	412. 8	2
天津市	398. 1	3
保定市	294. 6	4

① 用两点之间的连线表示两城市之间的经济联系，用线条宽度及颜色深浅表示经济联系强度在量上的等级，线条越粗、颜色越深则两个城市间的引力越强。

续表

城市	交通联系总量（E_i）	排名
唐山市	219.8	5
邯郸市	214.8	6
秦皇岛市	194.1	7
邢台市	192.6	8
沧州市	120.8	9
廊坊市	62.5	10
衡水市	45.0	11
张家口市	2.8	12
承德市	2.4	13

资料来源：根据 www.12306.com 数据计算所得（2017 年 12 月）。

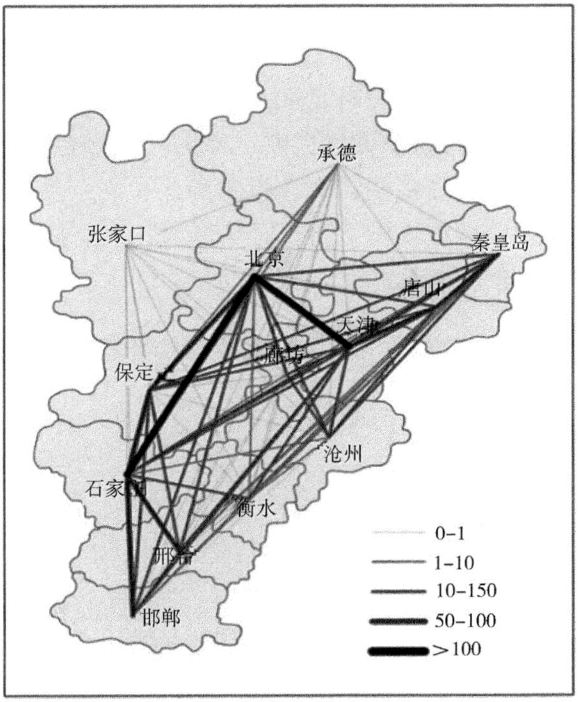

图 4–30　2017 年京津冀各城市交通联系情况

资料来源：根据 www.12306.com 数据计算所得（2017 年 12 月）。

从交通联系总量来看，北京、天津、石家庄是京津冀地区的重要辐射中心。2017 年，京津石三地与各地级市的联系很强，其中北京交通联系总量最大，为 520.0，是京津冀平均值（206.2）的 2.52 倍；石家庄交通联系总量其次，为 412.8（原因是石家庄为我国的重要铁路枢纽之一，是京广线、石太线、石德线三条铁路线的交汇处），是平均值的 2.00 倍；天津市排名第三，为 398.1，是平均值的 1.93 倍。保定、唐山、邯郸与各地级市的联系相对较强，交通联系总量分别为 294.6、219.8、214.8。而张家口、承德与各地级市联系相对较弱，交通联系总量分别为 2.8、2.4，不足平均值的 1/7，见表 4-15。

3. 基于区域资金联系度的测度

运用龙信企业大数据中的京津冀三地资本互投情况反映京津冀资金总体联系度，得出：一方面，京津、京冀联系相对紧密，而津冀两地联系相对不足。2014—2016 年，在北京对津冀企业的累计投资中，对天津的投资占 51.4%，对河北的投资占 48.6%；在天津对京冀企业的累计投资中，对北京的投资占 75.7%，投资大部分流向北京，对北京的投资额是对河北投资额的 3.1 倍；在河北对京津企业的累计投资中，对北京的投资占 72.5%，投资大部分流向北京，对北京的投资额是对天津投资的 2.6 倍。另一方面，北京已成为资本辐射中心。2014—2016 年，北京对津冀的投资额是天津对京冀投资额的 9.3 倍，是河北对京津投资额的 7.1 倍，见表 4-16。

表 4-16　2014—2016 年京津冀三地资本流动情况（单位：亿元）

	北京对外投资		天津对外投资		河北对外投资	
	天津	河北	北京	河北	北京	天津
2014	339.6	156.0	51.2	18.9	69.9	44.0
2015	785.8	656.7	203.1	31.6	107.8	43.2
2016	1 537.3	1 701.9	165.8	84.1	352.5	113.8
合计	2 662.7	2 514.7	420.0	134.6	530.2	200.9

资料来源：龙信企业大数据。

从北京、天津与河北各地级市的资本联系度来看，唐山与石家庄优势显著。2014—2016 年在北京对河北企业的投资中，对唐山的投资额最多（714.6 亿元），占比为 28.4%；对石家庄的投资额其次（507.3 亿元），占比为

20.2%；在天津对河北企业的投资中，对唐山的投资额最多（23.6 亿元），占比为 17.6%；对石家庄的投资额其次（22.2 亿元），占比为 16.5%。

（二）基于均衡度的测度

通过对京津冀的均衡度进行测度，可以得出：教育、医疗、创新均衡度总体呈上升趋势，经济均衡度总体呈下降趋势，居民生活均衡度变化不显著。

1. 从经济发展水平来看，三地差距有所上升、经济发展分化加剧

从经济发展水平的总体差距来看，2007—2016 年差距有所增加，加权变异系数由 2007 年的 0.346 4 上升至 2016 年的 0.515 0，见图 4-31。具体来看，河北与京津两地存在较大差距（比值大于 2），其中与北京的差距呈先下降后上升趋势，北京与河北的人均 GDP 比值由 2007 年的 3.06 下降至 2012 年的 2.39 又上升至 2016 年的 2.74；与天津的差距总体呈上升态势，天津与河北的人均 GDP 比值由 2007 年的 2.44 上升至 2016 年的 2.67。北京与天津的差距较小（比值保持在 1.1 左右），2011 年开始天津人均 GDP 开始高于北京，2016 年北京人均 GDP 在近 6 年来首次超过天津，见图 4-32。

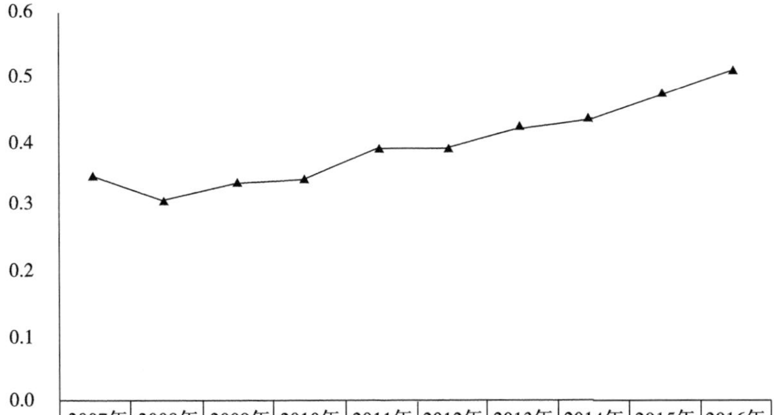

	2007年	2008年	2009年	2010年	2011年	2012年	2013年	2014年	2015年	2016年
CV	0.346 5	0.310 5	0.337 2	0.342 9	0.388 8	0.391 3	0.420 8	0.436 8	0.476 1	0.515 0

图 4-31　2007—2016 年京津冀人均 GDP 加权变异系数

资料来源：根据 2008—2017 年《北京统计年鉴》《天津统计年鉴》《河北经济年鉴》数据计算所得。

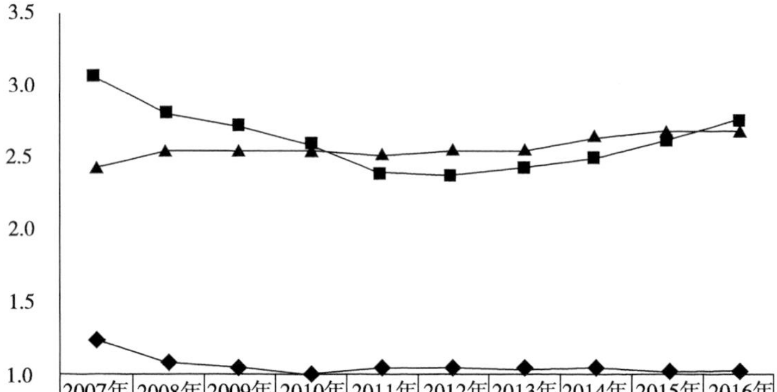

	2007年	2008年	2009年	2010年	2011年	2012年	2013年	2014年	2015年	2016年
—◆—北京/天津	1.25	1.10	1.07	1.01	1.04	1.07	1.6	1.05	1.01	1.03
—■—北京/河北	3.06	2.81	2.72	2.58	2.40	2.39	2.43	2.50	2.65	2.74
—▲—天津/河北	2.44	2.55	2.55	2.55	2.51	2.55	2.57	2.63	2.68	2.67

图 4-32　2007—2016 年京津冀经济发展均衡度（人均 GDP）

资料来源：根据国家统计局数据计算所得。

2. 从居民生活来看，三地差距变化不显著，但城乡差距正逐步缩小

在城镇居民生活水平方面，北京与河北的差距较为显著（比值大于 2）且呈缓慢扩大趋势，北京与河北的城镇居民人均可支配收入比值由 2013 年的 2.005 上升至 2016 年的 2.027；津冀之间、京津之间的差距较小（比值低于 2），其中天津与河北之间的差距最小但略有上升，天津与河北的城镇居民人均可支配收入比值由 2013 年的 1.304 上升至 2016 年的 1.314；北京与天津之间的差距也有所增加，北京与天津的城镇居民人均可支配收入比值由 2013 年的 1.538 上升至 2016 年的 1.543，见图 4-33。

在农村居民生活水平方面，京冀之间、津冀之间的差距相对较大，其中北京与河北的差距最大且有所扩大，北京与河北的农村居民人均可支配收入比值由 2013 年 1.861 上升至 2016 年的 1.872；天津与河北之间的差距呈上升趋势，天津与河北的农村居民人均可支配收入比值由 2013 年 1.671 上升至 2016 年的 1.684。北京和天津之间的差距相对较小（比值接近于 1）且略有下降，北京与天津的农村居民人均可支配收入比值由 2013 年 1.114 下降至 2016 年的 1.111，见图 4-34。

从城乡差距来看，北京、河北两地的城乡差距较大，而天津的城乡差距

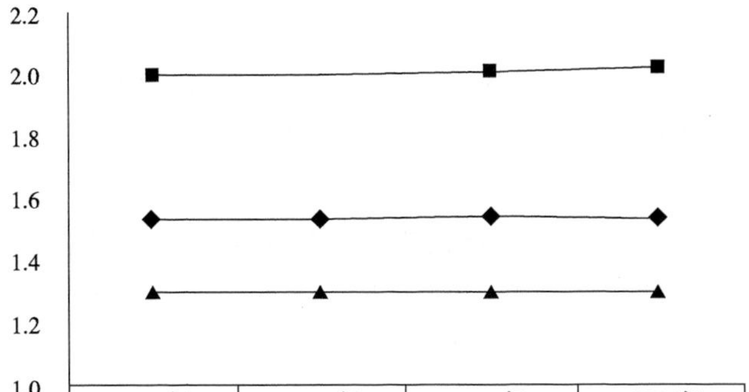

	2013年	2014年	2015年	2016年
◆北京/天津	1.538	1.540	1.550	1.543
■北京/河北	2.005	2.010	2.021	2.027
▲天津/河北	1.304	1.305	1.304	1.314

图 4-33　2013—2016 年京津冀城镇居民生活水平均衡度①

资料来源：根据国家统计局数据计算所得。

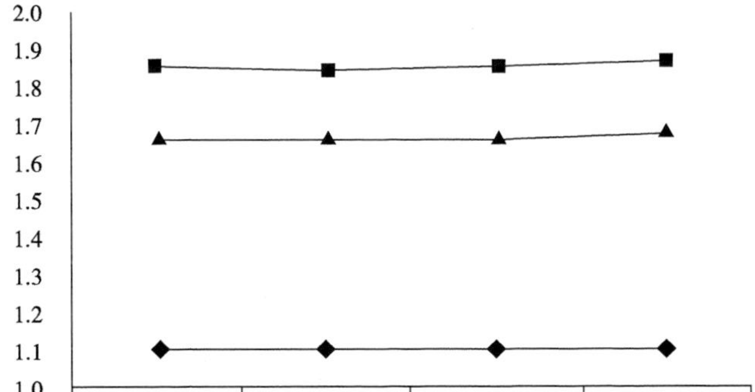

	2013年	2014年	2015年	2016年
◆北京/天津	1.114	1.109	1.113	1.111
■北京/河北	1.861	1.852	1.861	1.872
▲天津/河北	1.671	1.670	1.672	1.684

图 4-34　2013—2016 年京津冀农村居民生活水平均衡度

资料来源：根据国家统计局数据计算所得。

① 自 2013 年起国家统计局开展的分城镇和农村住户调查的调查范围、调查方法、指标口径与 2013 年前有所不同，本部分仅选用 2013 年之后的数据进行对比。

较小，三地的城乡差距均呈下降趋势。2013—2016 年，北京、河北两地城镇居民与农村居民人均可支配收入比值一直大于 2 但有所下降，北京的比值由 2013 年的 2. 606 下降至 2016 年的 2. 567，河北的比值由 2013 年 2. 419 下降至 2016 年的 2. 370；天津城镇居民与农村居民人均可支配收入比值由 2013 年的 1. 888 下降至 2016 年的 1. 848。

3. 从创新水平来看，三地差距正在逐步缩小

从创新水平的总体差距来看，近三年来京津冀在创新方面的差距开始缩小，加权变异系数由 2014 年的 2. 664 5 下降至 2016 年的 1. 940 8，见图 4-35。具体来看，京冀两地差距尤为显著，北京与河北每万人拥有授权三项专利数量的比值一直在 10~13 波动，2011 年达到峰值 13. 19，近 3 年呈现下降趋势，2016 年比值为 10. 86；津冀之间差距较大但总体呈下降趋势，天津与河北每万人拥有授权三项专利数量的比值由 2007 年的 6. 49 下降至 2016 年的 5. 97；京津之间的差距相对较小，北京与天津每万人拥有授权三项专利数量的比值保持在 2. 0 上下，2016 年比值为 1. 82，见图 4-36。

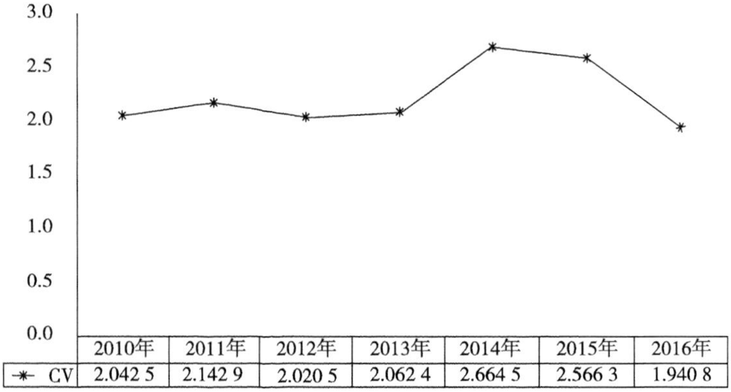

图 4-35　2010—2016 年京津冀每万人拥有授权三项专利数量加权变异系数

资料来源：根据 2011—2017 年《北京统计年鉴》《天津统计年鉴》《河北经济年鉴》数据计算所得。

4. 从医疗卫生水平来看，三地间差距明显缩小

从医疗卫生水平的总体差距来看，2007—2016 年京津冀在医疗卫生水平上的差距总体呈下降趋势，加权变异系数由 2007 年的 0. 323 8 下降至 2016 年的 0. 095 6，见图 4-37。具体来看，京冀之间差距缩小最为显著，北京与河北

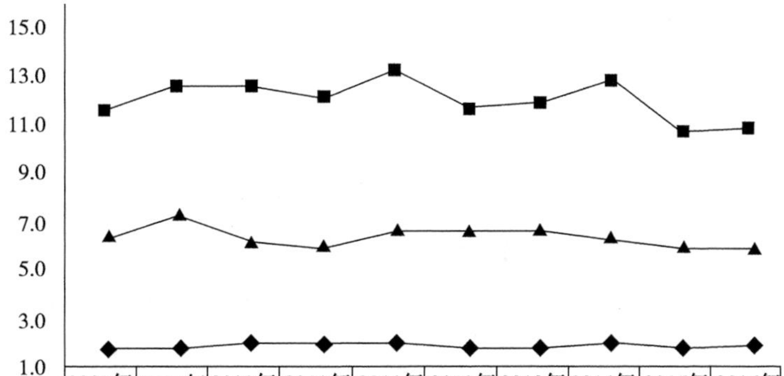

	2007年	2008年	2009年	2010年	2011年	2012年	2013年	2014年	2015年	2016年
◆北京/天津	1.78	1.74	2.04	2.02	1.96	1.74	1.75	2.00	1.79	1.82
■北京/河北	11.56	12.74	12.67	12.21	13.19	11.62	11.95	12.72	10.67	10.86
▲天津/河北	6.49	7.34	6.20	6.06	6.72	6.66	6.81	6.37	5.95	5.97

图 4-36　2007—2016 年京津冀创新水平均衡度

资料来源：根据国家统计局数据计算所得。

每万人医疗机构床位数的比值由 2008 年的 2. 33 下降至 2016 年的 1. 12；京津之间差距总体呈下降趋势，北京与天津每万人医疗机构床位数的比值由 1. 48 下降至 1. 28；津冀之间差距呈先下降后上升趋势，2008—2011 年天津每万人医疗机构床位数高于河北，二者比值由 1. 58 降低至 1. 36，2012—2016 年河北每万人医疗机构床位数高于天津，二者比值由 1. 03 上升至 1. 14，见图 4-38。

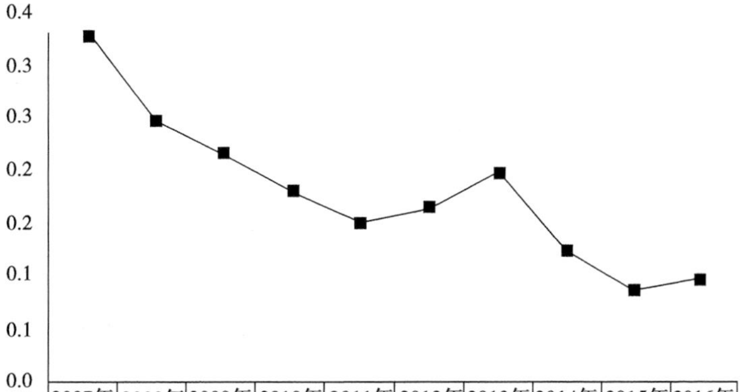

	2007年	2008年	2009年	2010年	2011年	2012年	2013年	2014年	2015年	2016年
■CV	0.323 8	0.242 7	0.213 0	0.176 3	0.147 9	0.161 3	0.197 8	0.120 0	0.084 5	0.095 6

图 4-37　2007—2016 年京津冀每万人医疗机构床位数加权变异系数

资料来源：根据 2008—2017 年《北京统计年鉴》《天津统计年鉴》《河北经济年鉴》数据计算所得。

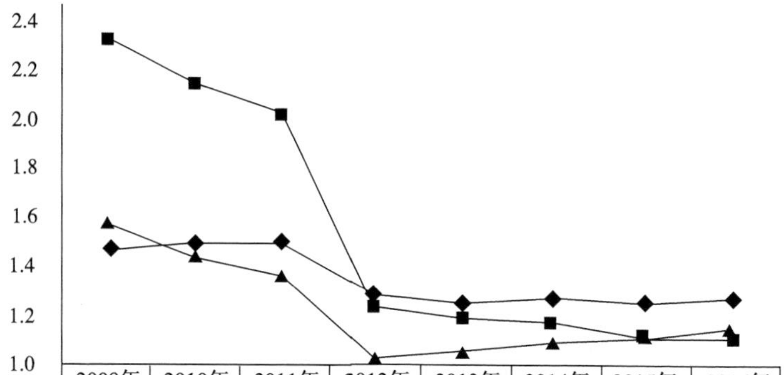

	2008年	2010年	2011年	2012年	2013年	2014年	2015年	2016年
北京/天津	1.48	1.49	1.50	1.28	1.25	1.27	1.25	1.28
北京/河北	2.33	2.15	2.04	1.24	1.19	1.17	1.12	1.12
天津/河北	1.58	1.44	1.36	1.03	1.06	1.09	1.12	1.14

图 4-38　2008—2016 年京津冀医疗水平均衡度①

资料来源：根据国家统计局数据计算所得

5. 从教育水平来看，三地间差距呈明显缩小态势

在教育水平方面，2008—2016 年，京冀之间的差距尤为显著，但呈现出显著的逐年下降态势，北京与河北每十万人口高等学校平均在校生数的比值由 2008 年的 3. 73 降低至 2016 年的 2. 29；津冀之间差距逐年缩小，天津与河北每十万人口高等学校平均在校生数的比值由 2008 年的 2. 50 下降至 2016 年的 1. 85；京津两地的差距相对较小且呈逐年下降趋势，北京与天津每十万人口高等学校平均在校生数的比值由 2008 年的 1. 49 降低至 2016 年的 1. 24，见图 4-39。

（三）基于融合度的测度

通过对京津冀的融合度进行测度，可以得出：京冀融合度较高，京津次之，津冀相对不足。

1. 三地分工形势明确，北京高端生产性服务业和现代服务业优势显著，河北第一、第二产业具有优势，天津居中

根据 2016 年京津冀“2+11”行业存续企业注册资本总额区位商可知，北京的优势产业主要集中在第三产业，尤其是高端生产性服务业和现代服务业优势显著，京津冀“2+11”中，仅北京的信息传输软件和信息技术服务业、租赁和商务服务业、科学研究和技术服务业的区位商大于 1，北京的这三个行

① 2009 年数据缺失。

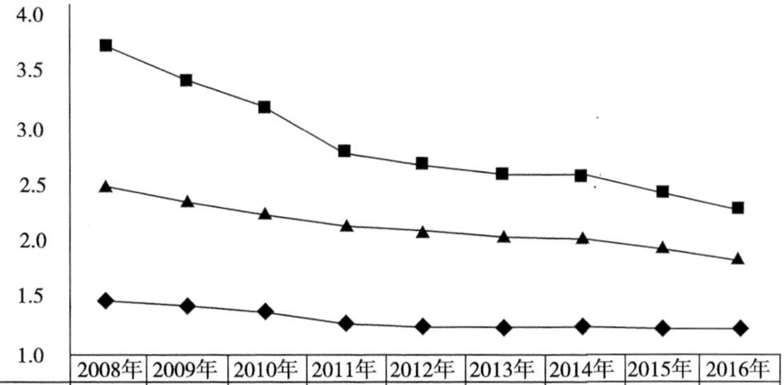

	2008年	2009年	2010年	2011年	2012年	2013年	2014年	2015年	2016年
◆北京/天津	1.49	1.45	1.40	1.30	1.27	1.26	1.27	1.25	1.24
■北京/河北	3.73	3.43	3.18	2.80	2.80	2.68	2.59	2.44	2.29
▲天津/河北	2.50	2.37	2.26	2.16	2.11	2.06	2.04	1.95	1.85

图 4-39 2008—2016 年京津冀教育水平均衡度（每十万人口高等学校平均在校生数）

资料来源：根据国家统计局数据计算所得。

业具有相对优势；河北的优势产业主要集中在资源密集型和劳动密集型的第一、第二产业，各地级市的优势行业均为农林牧渔业、制造业、批发和零售业，石家庄在金融业方面同样具有比较优势；天津的产业优势介于北京和河北之间，其制造业、批发和零售业、金融业具有相对优势，特别是金融业优势相对显著，见表 4-17。

表 4-17 2016 年京津冀行业存续企业注册资本总额区位商

	农林牧渔业	制造业	批发和零售业	信息传输软件和信息技术服务业	金融业	租赁和商务服务业	科学研究和技术服务业
北京	0.20	0.58	0.71	1.30	0.91	1.22	1.07
天津	0.73	1.27	1.42	0.31	1.81	0.64	0.95
石家庄	2.50	1.31	2.06	0.68	1.13	0.50	0.99
唐山	3.04	3.03	1.80	0.24	0.68	0.44	0.36
秦皇岛	3.82	2.16	2.07	0.48	0.28	0.35	0.69
邯郸	5.20	2.50	3.19	0.31	0.28	0.23	0.75
邢台	6.29	4.23	1.72	0.19	0.44	0.18	0.75
保定	5.11	2.92	1.73	0.25	0.33	0.31	0.90

续表

	农林牧渔业	制造业	批发和零售业	信息传输软件和信息技术服务业	金融业	租赁和商务服务业	科学研究和技术服务业
张家口	9.12	1.15	1.47	0.30	0.45	0.52	0.81
承德	11.95	1.46	1.30	0.36	0.58	0.41	0.48
沧州	6.03	4.21	1.72	0.16	0.32	0.23	0.66
廊坊	3.17	2.37	1.17	0.34	0.62	0.44	0.61
衡水	8.04	5.22	1.27	0.19	0.26	0.13	0.78

资料来源：根据龙信企业大数据计算所得。

2. 京津冀三地合作愈发紧密，北京是三地合作的核心驱动力

本书运用龙信企业大数据中的联合专利申请量和联合专利授权量两项指标来衡量京津冀三地的合作情况，进而判断京津冀三地的融合度。

2014 年，京津冀协同发展上升为国家重大发展战略以来三地合作变得更加紧密。2012 年开始，京津冀三地专利联合申请量及联合专利授权量增加显著，尤其 2014 年以来增长态势迅猛，三地专利联合申请量及联合专利授权量分别为 4 268 件和 2 888 件，分别为 2013 年的 2.6 倍和 2.4 倍；2016 年，三地联合专利申请量和联合专利授权量分别高达 8 225 件和 5 195 件，是 2013 年的 5.0 倍和 4.3 倍，见图 4-40。

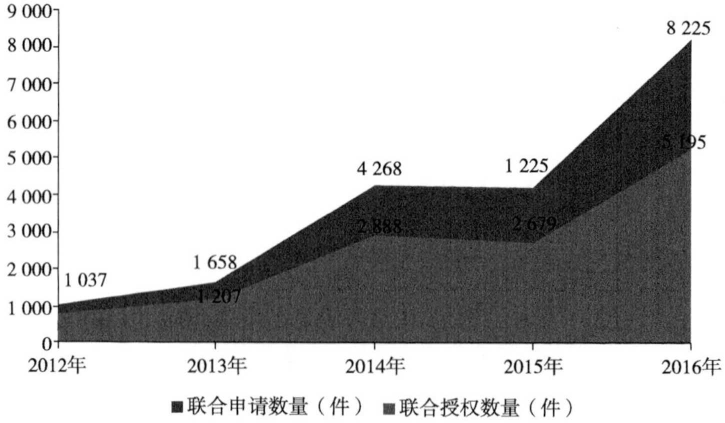

图 4-40 2012—2016 年京津冀三地联合申请及授权专利变化情况

资料来源：根据龙信企业大数据绘制所得。

北京在京津冀联合创新中发挥着核心引领作用，京冀、京津两地合作较为紧密，津冀合作相对不足，2014 年以来，京冀两地、京津两地的合作大幅增加。2012—2016 年，京冀两地联合专利申请量和联合专利授权量最多，分别为 9 475 件和 7 051 件，占比分别为 48. 7%和 55. 5%；京津两地次之，联合专利申请量和联合专利授权量分别为 9 352 件和 5 195 件，占比分别为 48. 1%和 40. 9%；津冀两地合作及京津冀三地共同合作明显不足，占比不足 5%。2014 年以来，京冀两地、京津两地企业合作加速，以 2014 年为例，京冀两地联合专利申请量和联合专利授权量分别为 2 577 件和 1 878 件，是 2013 年的 2. 8 倍和 3. 0 倍；京津两地联合专利申请量和联合专利授权量分别为 1 626 件和 946 件，是 2013 年的 2. 4 倍和 1. 8 倍；津冀两地合作和京津冀三地合作变化不显著，见图 4-41、图 4-42。

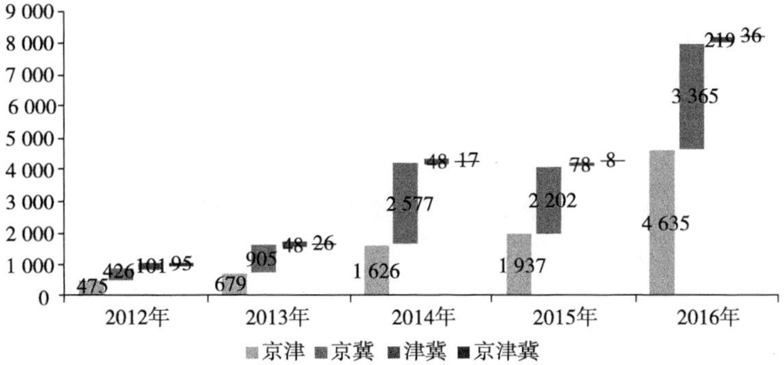

图 4-41　2012—2016 年京津冀三地联合申请专利地区分布情况

资料来源：根据龙信企业大数据绘制所得。

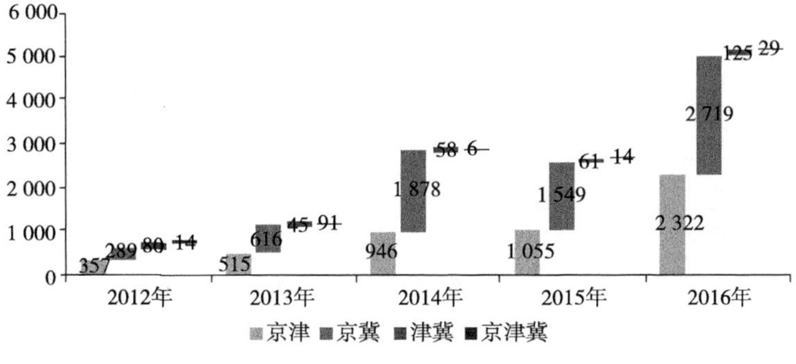

图 4-42　2012—2016 年京津冀三地联合授权专利地区分布情况

资料来源：根据龙信企业大数据绘制所得。

四、京津冀企业创新扩散效应评价

（一）创新扩散效应评价

1. 空间自相关检测分析

空间自相关表现为位置接近区域具有相似的变量取值。“正空间自相关”在自相关分析中表现为“高值—高值”或“低值—低值”聚集。“负空间自相关”在自相关分析中表现为“低值—高值”或“高值—低值”聚集。若高值、低值完全随机分布，则不存在空间自相关。为了使检验结果更加真实可靠，本书还选取了“吉里尔指数 C”（Geary's C）作为辅助参照，对比两种测度结果。若两种测度结果一致，则具有较高可信度。吉里尔指数的取值一般介于［0，2］，大于 1 表示负相关，等于 1 表示不相关，小于 1 表示正相关。正相关的绝对值越大，空间相关性越强，负相关的绝对值越大，空间差异越大。表 4-18 是京津冀和长三角创新研发投入、创新吸收转化投入及创新产出的各项指标的莫兰指数、吉里尔指数和相应的显著性概率。

表 4-18 京津冀、长三角空间自相关情况对比分析

指标 VARIABLES	京津冀		长三角	
	Moran I	Geary's C	Moran I	Geary's C
R&D 人员折合全时当量（1）	-0.281*	1.106	-0.370***	1.201***
R&D 经费内部支出（1）	-0.761***	1.752***	-0.315	1.144**
新产品开发经费支出（1）	-0.924***	1.960***	-0.342***	1.169**
研发机构数（1）	-0.976***	2.031***	-0.359***	1.182**
机构人员数（1）	-0.728***	1.723***	-0.363***	1.189***
机构经费支出（1）	-0.911***	1.970***	-0.343***	1.169**
科技中介企业数（2）	-0.905***	1.987***	-0.499***	1.382***
技术推广企业数（2）	-0.699***	1.702***	-0.062	1.011
科技中介企业新增资本（2）	-0.609***	1.757***	-0.323***	1.206***
技术推广企业新增资本（2）	-0.360**	1.220*	-0.143*	1.080
技术改造经费支出（2）	0.003	0.799*	-0.355***	1.178**
引进技术经费支出（2）	-0.345**	1.253*	-0.325***	1.148**
消化吸收经费支出（2）	-0.267*	1.054	-0.281***	1.175**

续表

指标 VARIABLES	京津冀		长三角	
	Moran I	Geary's C	Moran I	Geary's C
购买国内技术经费支出（2）	0.002	0.688**	-0.277**	1.127*
有效发明专利数（3）	-0.837***	0.837***	-0.223**	1.063
新产品销售收入（3）	-0.077	0.802*	-0.338***	1.159**

注：* ** *** 分别表示显著性概率 *** $p<0.01$，** $p<0.05$，* $p<0.1$

（1）表示创新研发投入；（2）表示创新吸收转化投入；（3）表示创新产出

数据来源：运用 Stata 软件，根据《中国科技统计年鉴》（2013—2017）、龙信企业大数据整理所得。

表 1 测度结果显示：

（1）京津冀和长三角在创新研发投入环节总体都呈空间负相关，京津冀空间差异较大。总体来看，莫兰指数和吉里尔指数检测结果基本吻合，结果显示京津冀与长三角在创新研发投入环节都呈空间负相关，京津冀空间差异程度较大，长三角空间差异相对较小。具体来看，京津冀的研发投入环节的空间差异大于长三角地区，主要表现在两个方面，一是绝对值较大，二是显著性水平较高。将这种空间差异按照从大到小排列：研发机构数（京津冀：-0.976***；长三角：-0.359***）、新产品开发经费支出（京津冀：-0.924***、长三角；-0.342***）、机构经费支出（京津冀：-0.911***；长三角：-0.343***）、R&D 经费内部支出（京津冀：-0.761***；长三角：-0.315）和机构人员数（京津冀：-0.728***；长三角：-0.363***）。

（2）京津冀与长三角在创新吸收、转化、投入环节呈空间负相关，显著性水平差异较大。总体来看，在创新吸收、转化、投入空间自相关方面，京津冀的正相关指标项多于长三角，但负相关项的绝对值较大。一方面，京津冀区域内在技术改造经费支出、购买国内技术经费支出方面呈空间正相关，区域内的空间关联度较高，而长三角区域内各地间在这两方面差异较大。另一方面，长三角在创新吸收转化投入环节整体呈空间负相关，负相关项的绝对值较小，而京津冀在这些指标项中的绝对值较大，空间差异大于长三角地区。具体来看，空间差异按照从大到小排列：科技中介企业数（京津冀：-0.905***；长三角：-0.499***）、技术推广企业数（京津冀：-0.699***；长三角：-0.062）、科技中介企业新增资本（京津冀：-0.609***；长三角：-0.323***）、技术推广企业新增资本（京津冀：-0.360**；长三角：

-0.143*）、引进技术经费支出（京津冀：-0.345**；长三角：-0.325***）和消化吸收经费支出（京津冀：-0.267*；长三角：-0.281***）。

（3）京津冀在创新产出环节的关联度高于长三角地区，且显著性水平较高。吉里尔指数检测结果显示，京津冀区域内在有效发明专利数和新产品销售收入方面的空间关联度较高，而长三角的空间关联度不显著。具体来看，有效发明专利数（京津冀：0.837***；长三角：1.053）和新产品销售收入（京津冀：0.802*；长三角：1.159***）。

综合来看，在创新研发投入环节，京津冀区域内的整体均衡度低于长三角地区，京津冀的创新研发投入在空间上表现为高值区域与低值区域临近，而长三角则表现为高值区域与高值区域临近。在创新吸收转化投入环节，京津冀的技术改造经费支出、购买国内技术经费支出这两项空间关联度较高，但在吸收转化投入环节中的其他方面，区域内差异程度高于长三角地区。在创新产出环节，京津冀区域内各地间的整体关联度高于长三角地区。

2. 创新空间扩散效应回归结果分析

在上述研究的基础上，本书还对创新扩散中的研发投入环节和吸收转化投入环节对创新产出的影响程度进行分析。空间扩散效应类似于马歇尔外部性，既有正的扩散效应，也有负的扩散效应。正的扩散效应表现为一个区域的解释变量增加对与之关联区域的被解释变量具有促进作用，进而促使整个大区域的被解释变量整体提升。反之则抑制与之关联区域的解释变量的增加，最终使得区域整体的解释变量不能达到预期水平。在空间回归结果中，从解释变量回归系数的角度分析，若解释变量的系数为正，则表明在区域内各子系统间该解释变量的增加对被解释变量的增加具有促进作用，这种促进作用在衡量区域创新扩散效应过程中具体表现为各地独自搞研发的创新产出叠加水平要远小于在创新扩散机制作用下区域协同创新的产出水平，即经过创新扩散机制作用后区域整体能获得更多的创新产出，这能很好地解释 Shefer 和 Frenkel（1998）提出的创新只有通过空间扩散才可能实现其最大价值这一理论。若系数为负，则表明在区域内各子系统间该解释变量的增加对被解释变量的增加产生抑制作用，最终不能使被解释变量完全释放出来。

表 4-19 中的测度结果显示：2013—2017 年，京津冀和长三角基于 SLM 和 SEM 两种模型的回归结果拟合程度较好。从显著性水平来看，长三角地区在创新吸收转化投入环节显著性水平整体高于京津冀地区。从自相关系数来

看，长三角地区在整个投入环节的正系数指标项数量要明显多于京津冀地区。

表 4-19　京津冀、长三角创新空间扩散效应情况对比分析

指标 VARIABLES	京津冀（省际）		长三角（省际）	
	SLM	SEM	SLM	SEM
R&D 人员折合全时当量（1）	-0.199 3*	-0.224 2*	0.385 5*	0.480 4***
R&D 经费内部支出（1）	0.014 2***	0.014 8***	0.000 9	0.000 1
新产品开发经费支出（1）	-0.001 8	-0.002 0	0.003 0	0.003 2
研发机构数（1）	32.652 2***	29.788 2***	17.904 9***	12.880 6
机构人员数（1）	-0.560 9	-0.529 0	-0.650 8***	-0.715 5***
机构经费支出（1）	0.005 6	0.005 7	0.005 1	0.009 3*
科技中介企业数（2）	8.851 0***	6.719 5***	0.137 8***	0.099 5***
技术推广企业数（2）	-0.123 4***	-0.061 5***	-0.000 4*	0.000 7*
科技中介企业新增资本（2）	-0.003 8***	-0.005 1***	7.929 3***	15.164 2***
技术推广企业新增资本（2）	0.000 04*	0.000 1***	0.003 3	-0.011 4***
技术改造经费支出（2）	-0.016 6*	0.009 8	0.010 8***	0.012 3***
引进技术经费支出（2）	-0.041 2***	0.008 8***	0.019 8***	0.042 5***
消化吸收经费支出（2）	-1.286 6***	0.117 8***	-0.221 6***	-0.251 7***
购买国内技术经费支出（2）	0.438 5***	0.170 6***	0.241 8***	0.157 8***
LAMBDA	/	-0.853 0***	/	-0.639 6***
R-squared	0.984 6	0.985 3	0.958 1	0.953 5

注：*　**　*** 分别表示显著性概率 *** $p<0.01$，** $p<0.05$，* $p<0.1$

（1）表示创新研发投入；（2）表示创新吸收转化投入；（3）表示创新产出。

数据来源：运用 GeoDa 软件，根据《中国科技统计年鉴》（2013—2017）、龙信企业大数据整理所得。

（1）研发投入环节——研发机构数量、研发经费投入和研发人员投入对创新产出的效果显著，而京津冀表现为研发经费投入导向、长三角则为研发人员投入导向。从共性特征来看，京津冀和长三角的研发机构数、研发经费投入和研发人员投入对区域整体创新产出的促进效果显著，显著性排序为：研发机构数>研发经费投入>研发人员投入。从区域差异来看，长三角的 R&D 人员折合全时当量对创新产出的促进效果显著要高于京津冀。而京津冀在 R&D 经费内部支出、研发机构数方面对创新产出的促进效果优于长三角。

(2) 吸收转化投入环节——长三角技术引进、消化经费支出对创新产出的促进效果显著，京津冀科技中介企业对创新产出的促进效果显著。总体上，长三角地区在创新吸收转化投入环节的正相关项多于京津冀地区。京津冀和长三角内部的科技中介企业数、购买国内技术经费支出对区域整体创新产出的促进效果都较为显著，而两个地区在创新吸收转化投入环节的其他方面差异较大。就指标来看，京津冀的科技中介企业数、购买国内技术经费支出对创新产出的作用效果好于长三角，而在科技中介企业新增资本、技术推广企业数、技术改造经费支出、引进技术经费支出方面作用效果弱于长三角。

（二）京津冀企业创新扩散的基础与环境分析

创新扩散既需要培育实力较强的创新节点城市作为空间载体，也需要创新链与产业链互动来实现区域间的创新联动。创新成果沿着产业链扩散，可以降低扩散难度，节约扩散成本，推动成果落地，进而提高创新成果的转化效率。区域内高技术产业相似度越高，腹地对这些产业的创新成果承接能力就越强、承接环境就更加优越，相似度较高的高技术产业是区域创新成果有效对接的重要渠道。基于上述考虑，本部分将重点找寻长三角和京津冀内部可作为创新扩散载体的创新节点城市和具有较高相似度的高技术产业载体。具体做法是，一是通过城市群内各城市研发投入占全国研发投入的比重来反映创新枢纽城市和创新节点城市；二是用同一高技术产业的区位商接近程度来反映城市群高技术产业的相似度，进而反映城市群内创新成果由创新策源地向创新腹地扩散的难易程度。

1. 创新研发投入环节——长三角腹地的创新研发投入实力较强，区域内创新扩散基础好于京津冀

创新研发投入环节中，长三角腹地的创新研发投入力度较大；长三角中江浙两地的高技术产业相似度较高，京津冀中京津两地的高技术产业相似度较高，因此，江浙和京津创新成果沿着高技术产业链进行扩散的基础较好，产业链和创新链的互动与融合程度较好，有效提升了创新成果转化落地的效率。

从创新腹地与创新策源地间的关系来看，在长三角城市群内，江苏和浙江（尤其是江苏）的创新研发投入力度明显高于上海，三地整体呈“凹”型结构，创新腹地的支撑基础较好。在京津冀城市群内，天津、河北对北京的创新扩散支撑力度与长三角相比相对不足，整体呈“凸”型结构，因此，长

三角的创新腹地（江苏、浙江）对上海打造全国科技创新中心的支持程度要好于京津冀创新腹地（天津、河北）对北京打造全国科技创新中心的支持程度，见图 4-43。

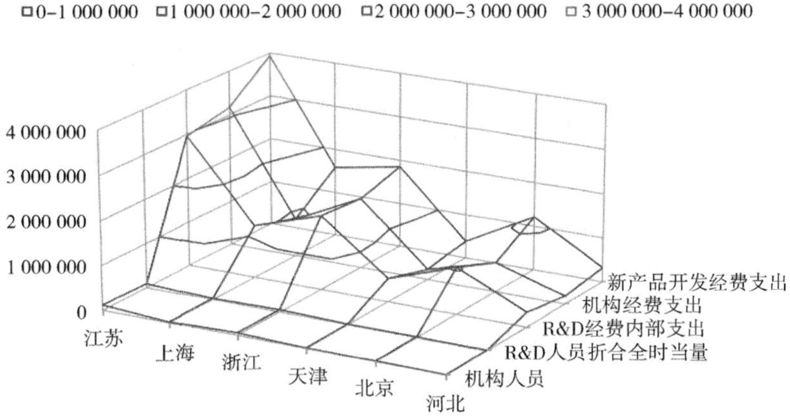

图 4-43 京津冀与长三角创新研发投入情况（单位：人、人·年、万元）

数据来源：根据《中国高技术统计年鉴 2013—2017》整理计算所得。

（1）长三角在 R&D 人员研发当量投入方面优势显著且高技术产业研发当量投入整体相似度较高，京津冀内部仅京津两地间高技术产业研发当量投入的相似度较高。

从 R&D 人员折合全时当量的全国占比来看，长三角优势地位显著，2016 年长三角占比达 27. 59%，京津冀占比仅为 7. 11%。其中，上海为 3. 94%、江苏为 14. 99%、浙江为 8. 66%、北京为 2. 82%、天津为 2. 27%、河北为 2. 02%。

从相似度来看，京津冀内部京津两地的高技术产业中研发当量相似度较高，河北与京津两地间的差异较为显著，而长三角内部三地间的相似度均较高。具体来看，京津冀内部的京津两地在航空航天器及设备制造业、医疗仪器设备及仪器仪表制造业和医药制造业方面的相似度较高；长三角内部的三地在医药制造业、医疗仪器设备及仪表仪器设备制造业、计算机及办公设备制造业和电子及通信设备制造业方面相似度较高，见图 4-44。

（2）京津冀创新腹地的研发企业占比与长三角差距较大，在高技术产业中研发企业数这一指标的相似度整体低于长三角。

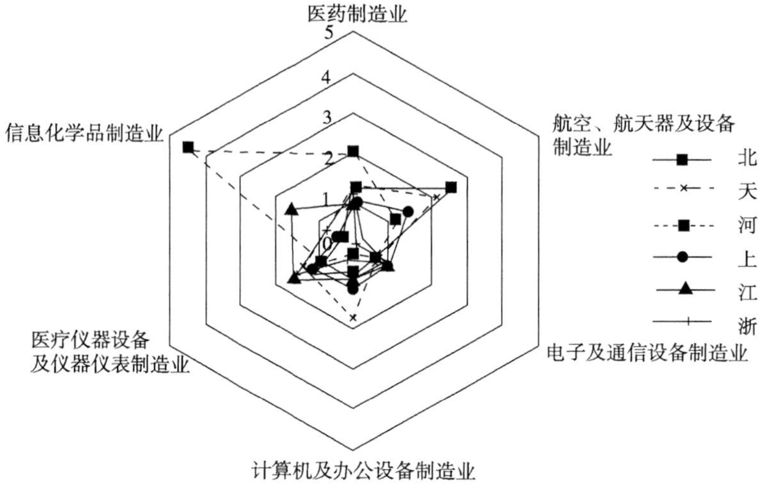

图 4-44　京津冀与长三角高技术产业 R&D 人员折合全时当量相似度比较情况

数据来源：根据《中国高技术产业统计年鉴 2017》整理计算所得。

高技术企业是创新成果推广应用的具体载体，从有研发活动的高技术产业企业数的全国占比来看，京津冀创新腹地的企业研发活动相对较弱，而长三角创新腹地企业研发活动较强。具体来看，江苏有研发活动的高技术产业企业数的全国占比最高，为 20. 39%、浙江为 11. 03%、上海为 2. 87%、北京为 3. 21%、天津为 1. 86%、河北为 1. 62%。

从相似度来看，长三角有研发活动的高技术产业中研发企业数这一指标的相似度高于京津冀。京津冀内部京津两地的相似度较高，而长三角内部三地间的相似度均较高。具体来看，京津冀内部的京津两地在计算机及办公设备制造业、医疗仪器设备及仪器仪表制造业和医药制造业方面的相似度较高；长三角内部的上海、浙江两地在医药制造业、医疗仪器设备及仪表仪器设备制造业、计算机及办公设备制造业、电子及通信设备制造业和信息化学品制造业等方面相似度较高，见图 4-45。

（3）长三角创新腹地的研发经费投入力度强于京津冀，京津冀中京津两地的高技术产业经费投入相似度高于长三角地区。

从 R&D 经费内部支出来看，长三角的创新腹地研发经费投入力度较大。2012—2016 年，江苏、浙江两地的优势地位稳固，2016 年江苏 R&D 经费内部支出的全国占比提升到 12. 15%，同期，上海为 4. 81%、浙江为 6. 84%、北

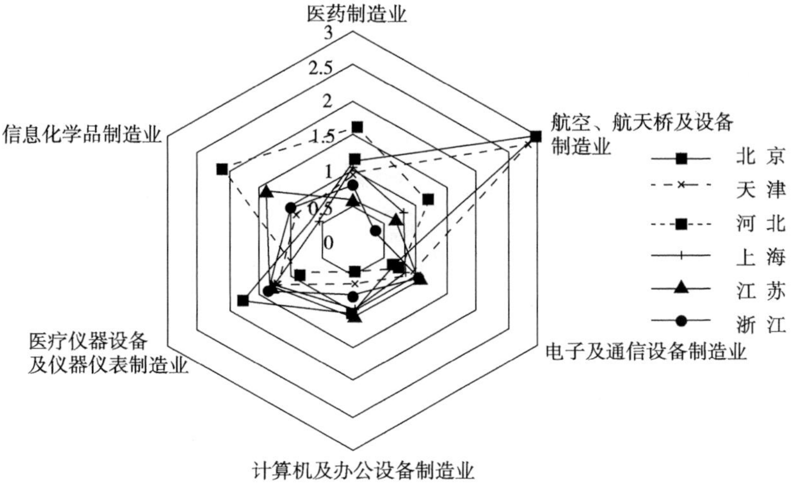

图 4-45 京津冀与长三角高技术产业研发企业数相似度比较情况

数据来源：根据《中国高技术产业统计年鉴 2017》整理计算所得

京为 4.30%、天津为 2.14%、河北为 1.36%。

从相似度来看，京津冀内部京津两地高技术产业中经费投入的相似度较高，而长三角内部江浙两地的相似度较高。具体来看，京津冀内部的京津两地在计算机及办公设备制造业、医疗仪器设备及仪器仪表制造业和医药制造业方面的相似度较高；长三角内部的江苏、浙江两地在医药制造业、医疗仪器设备及仪表仪器设备制造业、计算机及办公设备制造业、电子及通信设备制造业和航空航天器及设备制造业方面相似度较高，见图 4-46。

从新产品开发经费支出来看，2012—2016 年，江苏、浙江的新产品研发投入力度较大，到 2016 年，江苏新产品开发经费支出在全国的占比达 13.12%、浙江为 6.15%、上海为 5.27%、北京为 4.04%、天津为 1.27%、河北为 1.06%。

从相似度来看，长三角的高技术产业相似度高于京津冀。京津冀内部京津两地的高技术产业相似度较高，而长三角内部上海和浙江两地的相似度较高。具体来看，京津冀内部的京津两地在计算机及办公设备制造业、医疗仪器设备及仪器仪表制造业和医药制造业方面的相似度较高；长三角内部的上海、浙江两地在医药制造业、医疗仪器设备及仪表仪器设备制造业、计算机

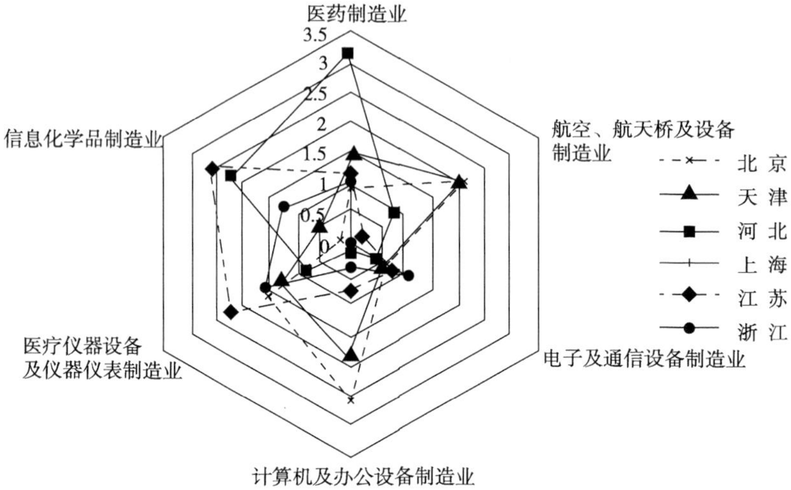

图 4-46　京津冀与长三角高技术产业 R&D 经费内部支出相似度比较情况

数据来源：根据《中国高技术产业统计年鉴 2017》整理计算所得

及办公设备制造业、电子及通信设备制造业和信息化学品制造业等方面相似度较高，见图 4-47。

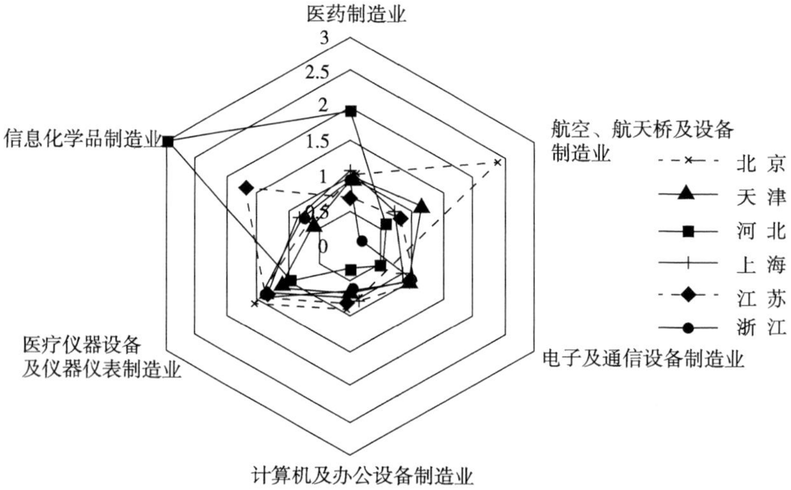

图 4-47　京津冀与长三角高技术产业新产品开发经费支出相似度比较情况

数据来源：根据《中国高技术产业统计年鉴 2017》整理计算所得。

2. 创新吸收转化投入环节——京津冀和长三角在高技术产业中的吸收转化投入相似度较低，创新成果沿着高技术产业链进行扩散存在一定难度

在创新吸收转化投入环节中，从绝对值来看，技术改造经费支出是各项吸收转化经费支出中最高的一项，江苏、浙江两地的技术改造经费支出较高，作为创新腹地的吸收转化实力较为突出，见图 4-48。从全国占比来看，长三角内各项吸收、转化经费支出的全国占比远高于京津冀，其中在技术改造经费支出和消化吸收经费支出这两方面差距较为显著。技术改造经费支出中，江浙两地为津冀两地的 36.54 倍，江浙两地占比为 29.23%，津冀两地占比为 0.80%；消化吸收经费支出中，江浙两地为津冀两地的 5.63 倍，江浙两地占比为 44.33%，津冀两地占比为 7.88%。

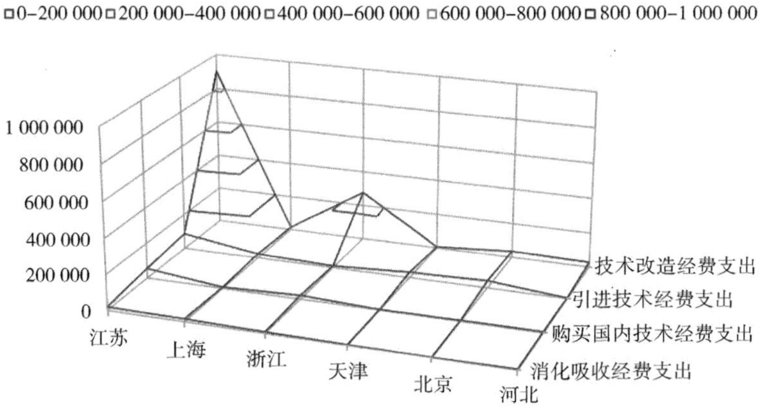

图 4-48　冀与长三角吸收转化投入情况（单位：万元）

数据来源：《中国高技术产业统计年鉴 2017》。

（1）江苏、浙江两地的消化吸收经费支出较高，京津冀内部的高技术产业中消化吸收投入的相似度较高。

从消化吸收经费支出来看，长三角投入力度较大，长三角三地均高于京津冀三地。在长三角内部江苏消化吸收技术转移的投入力度较大，在京津冀内部，河北消化吸收技术转移的投入力度较大。各地的消化吸收经费支出的全国占比情况：江苏为 24.37%、上海为 19.96%、浙江为 9.51%、河北为

5.31%、北京为0.34%、天津为2.57%。

从相似度来看，京津冀内部津冀两地高技术产业中消化吸收投入的相似度较高，长三角内部相似度较低。津冀两地在这六大高技术产业中的相似度均较高，且在医药制造业领域具有比较优势，北京在计算机及办公设备制造业领域优势显著，但这方面与津冀两地的相似度较低，其他五大领域与津冀两地相似度较高。在长三角内部，江苏在航空、航天器及设备制造业和医疗仪器设备及仪器仪表制造业领域具有比较优势，但与浙江、上海两地的相似度较低。见图4-49。

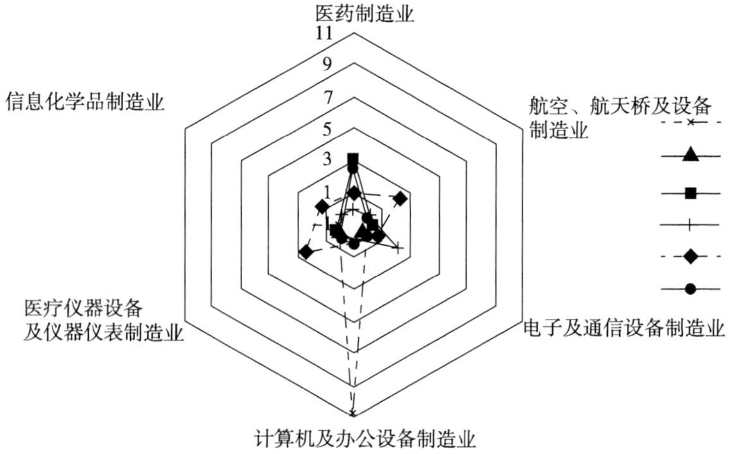

图4-49　京津冀与长三角消化吸收经费支出相似度比较情况

数据来源：根据《中国高技术产业统计年鉴2017》整理计算所得。

(2) 江苏、浙江两地的技术改造投入力度较大，京津冀和长三角内的高技术产业中技术改造投入的相似度均较低。从技术改造经费支出来看，长三角投入力度较大，长三角三地均高于京津冀三地。在长三角内部，江苏、浙江技术改造的投入力度较大，在京津冀内部，津冀两地的技术改造的投入相对薄弱。各地的技术改造经费支出的全国占比情况：江苏为22.38%、上海为0.34%、浙江为6.85%、河北为0.67%、北京为0.87%、天津为0.13%。

从相似度来看，京津冀与长三角在高技术产业中技术改造投入的相似度均较低。各地间只有在个别高技术产业领域存在相似度，这给区域内创新成果沿着高技术产业链扩散带来了一定挑战，见图 4-50。

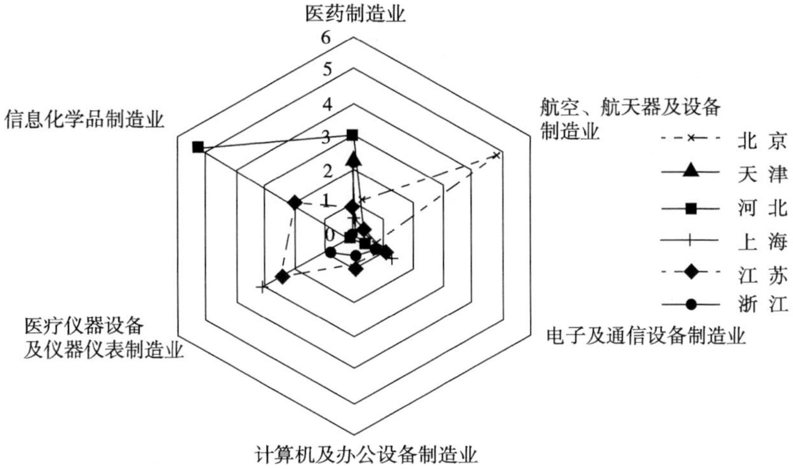

图 4-50　京津冀与长三角技术改造经费支出相似度比较情况

数据来源：根据《中国高技术产业统计年鉴 2017》整理计算所得。

（3）京津冀和长三角在引进技术投入方面差距较小，京津冀和长三角内的高技术产业中引进技术投入的相似度均较低。

从引进技术经费支出来看，作为创新腹地，长三角内只有江苏技术引进投入力度较大，京津冀内部只有天津投入力度较大。各地的引进技术经费支出的全国占比情况：江苏为 8.70%、上海为 2.29%、浙江为 0.92%、河北为 0.34%、北京为 4.05%、天津为 3.08%。

从相似度来看，京津冀与长三角在高技术产业中技术改造投入的相似度均较低，是京津冀和长三角创新成果扩散的重要短板之一，见图 4-51。

3. 创新成果推广环节——创新扩散推广中介对于创新成果扩散成效的作用较为显著，京津冀范围内创新推广中介企业的空间布局优于长三角

（1）京津冀的技术推广企业在创新策源地与创新腹地间的布局更有利于创新成果扩散。

从技术推广企业数来看，作为创新策源地，北京的技术推广企业数远高于上海，2017 年，北京技术推广企业为 105 073 户，上海为 41 234 户，北京为上海的 2.55 倍。作为创新腹地中的主要节点城市，京津冀内部天津的优势地位显著，长三角内杭州的技术推广企业数相对较多，但与天津的差距依然

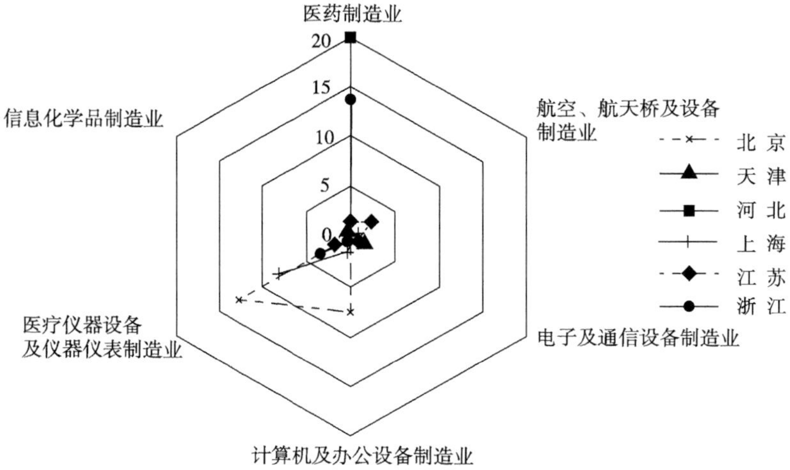

图 4-51 京津冀与长三角引进技术经费支出相似度比较情况

数据来源：根据《中国高技术产业统计年鉴 2017》整理计算所得。

很大，且天津的增长趋势较为显著，这种差距在逐年拉大。2017 年，天津技术推广企业为 84 252 户、杭州为 6 284 户，天津为杭州的 13.41 倍。作为创新腹地中的节点城市，南京和石家庄的技术推广企业相对较少，2017 年，南京为 3 992 户、石家庄为 5 207 户。

从未来潜在的创新扩散节点城市来看，对于未来具备建设条件的城市而言，具有一定规模的技术推广企业可以有效促进创新成果的吸收转化。京津冀技术推广企业在 2 000 户以上的城市占创新腹地所有城市的比重过半，而长三角技术推广企业在 2 000 户以上的城市在创新腹地所有城市中的比重不到三分之一。具体来看，在京津冀内部，按照 2017 年技术推广企业数量高于 2 000 户由多到少排序为：天津（84 252 户）、石家庄（5 207 户）、保定（3 270 户）、邯郸（3 161 户）、唐山（2 403 户）、衡水（2 019 户）。在长三角内部，按照 2017 年技术推广企业数量高于 2 000 户由多到少排序为：杭州（6 284 户）、南京（3 992 户）、宁波（3 448 户）、台州（3 111 户）、苏州（2 201 户）。见图 4-52、图 4-53。

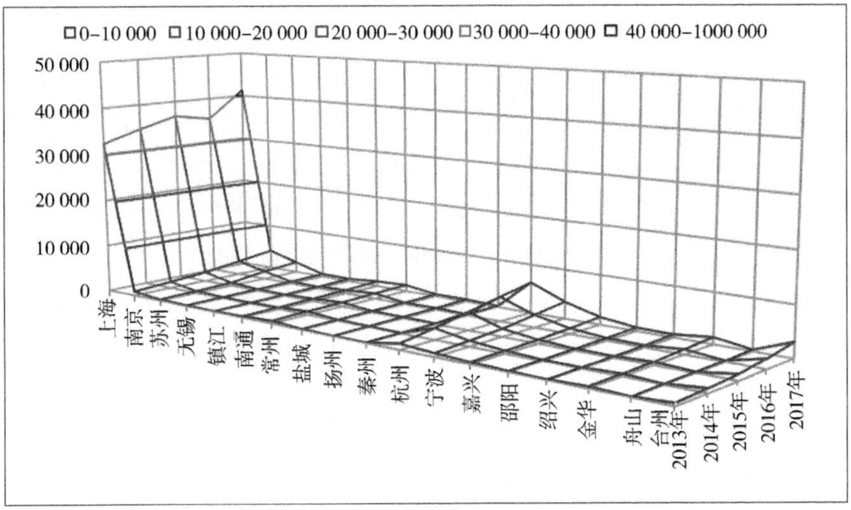

图 4-52 长三角存续技术推广企业分布情况（单位：户）

数据来源：龙信企业大数据。

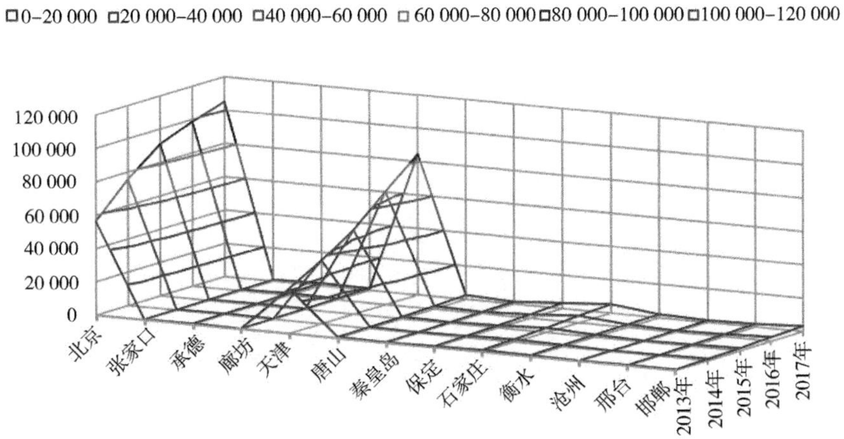

图 4-53 京津冀存续技术推广企业分布情况（单位：户）

数据来源：龙信企业大数据。

(2) 科技中介企业的空间密度低于技术推广企业，京津冀的科技中介企业布局优于长三角。

从科技中介企业数来看，京津冀和长三角的科技中介企业发展情况类似于技术推广企业。但科技中介企业在两个城市群内的空间密度整体较低，对创新成果的推广扩散效果没有技术推广企业显著。作为创新策源地，北京的科技中介企业数远高于上海，2017 年，北京技术推广企业为 2 643 户，上海为 1 093 户，北京为上海的 2. 42 倍。作为创新腹地中的主要节点城市，京津冀内部天津的优势地位显著，长三角内杭州的科技中介企业数相对较多，但与天津的差距依然很大，且天津的增长趋势较为显著，这种差距呈逐年扩大态势。2017 年，天津科技中介企业为 876 户、杭州为 390 户，天津为杭州的 2. 25 倍。作为创新腹地中的节点城市，南京和石家庄的科技中介企业相对较少，2017 年，南京为 27 户、石家庄为 131 户，见图 4-54、图 4-55。

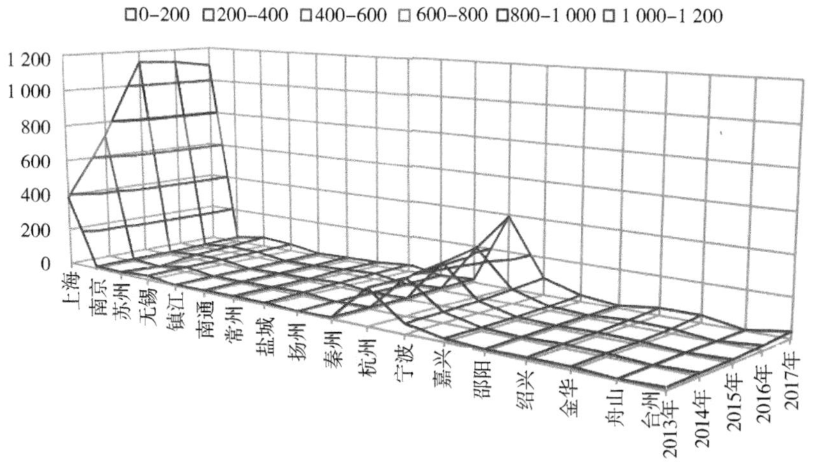

图 4-54 长三角存续科技中介企业分布情况（单位：户）

数据来源：龙信企业大数据。

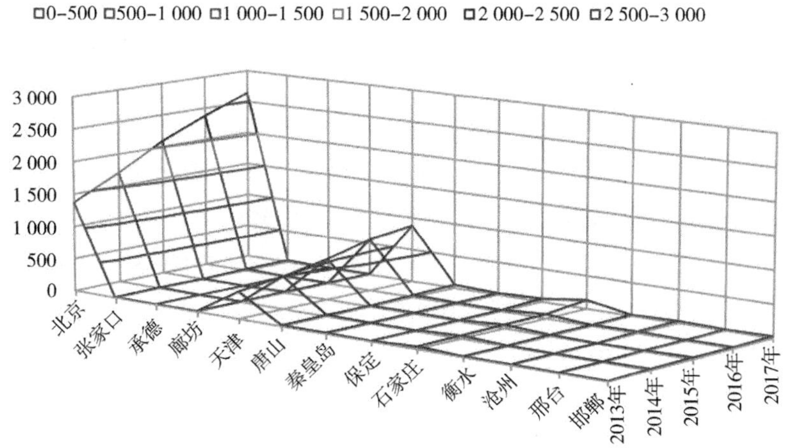

图 4-55　京津冀存续科技中介企业分布情况（单位：户）

数据来源：龙信企业大数据。

五、研究结论与基本判断

（一）京津冀企业创新能力评价方面的基本结论

1. 京津冀企业综合发展能力呈逐年提升态势

京津冀企业综合发展整体向好趋势明显，在企业实力、活力、创新力等方面，各指标年均增幅均在 10%以上，部分可达到 30%。在企业实力方面，2000—2015 年京津冀三地企业存续数量基本保持快速上升态势，增长率保持在 10%~20%，天津相较于北京和河北增长速率稍显缓慢；2000—2015 年京津冀三地企业注册资本总额基本保持稳定的上升态势，增长率维持在 10%~15%。在企业活力方面，2000—2015 年京津冀三地企业对外投资金额增长水平总体波动较大，北京虽然波动明显但总体占比水平最高，天津居于第二位，河北相对靠后。2000—2015 年京津冀三地现代服务企业数量基本保持稳定的上升态势，各年份增长率的平均值在 20%左右。在企业创新力方面，2008—2015 年京津冀三地高新技术企业数量的变化趋势基本一致，均保持上升态势，增长率大体相当，除 2009 年三地高新技术企业增长率都有较大幅度下降以外，其余各年份基本保持在 20%~30%的增长率，且河北地区平均增长速率最高，其次为天津，北京居后。2000—2015 年京津冀三地企业新增专利数量年增长率总体波动较大，但大体保持上升趋势。

2. 北京企业综合实力最强，科技创新中心建设具有很好的支撑

从企业综合发展来看，北京企业发展稳健性较强，具备良好的市场化规模和资本配置能力。综合指数排名，前10名中北京占8位，前4强都属于北京，分别是海淀区（第1名）、西城区（第2名）、朝阳区（第3名）、东城区（第4名）、丰台区（第7名）、开发区（第8名）、昌平区（第9名）、通州区（第10名）。企业实力指标，北京优势明显，其存续企业数量占京津冀地区总量的49.84%，占企业注册资本总额的66.43%。从企业活力指标来看，2015年北京企业对外投资金额2.10万亿元，占三地企业对外投资总额的93.36%，较2014年增长了92%；北京现代服务企业数量占京津冀总量的60%左右，2015年北京现代服务业企业数量为1 112 823，占比为58.34%。企业创新力指标，北京高新技术企业占比优势突出，新增专利数量占比基本维持在65%左右，2015年新增专利数量占比为65.39%，是天津的2~3倍，河北的4~5倍。

从企业创新发展来看，北京企业创新能力突出，创新产出水平较高，企业创新具有良好的环境支撑。创新能力指数排名，北京在京津冀范围内得分为97.280 1，在三大城市群范围内得分为91.458 7，均排在首位。从创新投入指标来看，2015年北京企业R&D人员全时当量为50 773人·年，企业R&D经费内部支出总量为2 440 875万元，R&D经费投入强度方面北京为6.01%，均排在前列；从创新产出指标来看，2015年北京企业新增专利数量为101 302件，三项专利数为429 499件，新产品开发项目数总量为10 580项，与天津、上海等地相比具有一定的规模优势；从创新环境来看，2015年北京市财政支出中科技支出总额为287.80亿元，占比5.11%，在三大城市群内排首位，其从事科学研究和技术服务业的企业总量为92 262家，同样远高于其他地区。

从行业发展来看，北京科技服务业发展基础最好，创新能力最强，为实现区域创新驱动提供了扎实的基础。存续企业方面，北京科学研究和技术服务业占比最高，为将北京打造成全国科技创新中心提供了很好的支撑；批发和零售业占比较高，非首都功能疏解任务仍然艰巨；租赁和商业服务业、文化体育和娱乐业两大行业实力雄厚，为北京未来现代服务业发展打下了良好的基础。企业对外投资方面，北京的电力、热力、燃气及水生产和供应业增

长较快，体现京津冀协同发展基础设施先行；制造业对外投资额增加，说明北京对外疏解力度加大；信息传输软件和信息技术服务业总体上进入成熟期，对外输出速度加快。企业创新方面，北京科学研究与技术服务业优势显著，近年来在基础设施建设领域创新能力提升较快。

3. 天津企业综合能力各区县悬殊较大，研发转发优势明显

从企业综合发展来看，天津滨海新区企业发展整体较好，但天津各区水平差距悬殊。在综合指数排名方面，京津冀企业综合能力前 10 名中天津只有 1 名，即滨海新区排第 5 名，在后 10 名中天津有 7 名，分别是蓟州区（倒数第 1 名）、红桥区（倒数第 2 名）、宁河区（倒数第 3 名）、河北区（倒数第 5 名）、河北区（倒数第 6 名）、静海区（倒数第 9 名）、河西区（倒数第 10 名）。企业实力方面，天津相对于北京和河北，虽然存续企业数量保持增长，但占比水平有所下降，从 2000 年的 32. 03%下降至 2015 年的 14. 34%；其企业注册资本总额在京津冀三地中的占比有所上升，从 2000 年的 11. 11%上升为 2015 年的 14. 72%。企业活力方面，天津的企业对外投资金额下降幅度较大，从 2000 年的 13. 39%下降至 2015 年的 2. 01%。企业创新力方面，2015 年天津拥有高新技术企业 2 460 家，是 2008 年 394 家的 6. 2 倍，地区占比为 14. 02%；企业新增专利数量上天津在区域内占比水平略有上升，从 2000 年的 17. 38%上升为 2015 年的 22. 01%。

从企业创新发展来看，天津企业具备较强的创新能力，创新投入水平领先，但创新产出和创新环境还有一定的提升和改善空间。创新能力指数排名方面，天津在京津冀范围内得分为 77. 016 2，在三大城市群范围内得分为 68. 3211，均排第二名。创新投入方面，2015 年天津的企业 R&D 人员全时当量为 84 291 人 · 年，是同年北京企业的 1. 66 倍；企业 R&D 经费内部支出总量为 3 526 700 万元，规模方面高于北京；有 R&D 活动的企业数量为 2 084 家，在三大城市群内居首位。创新产出方面，2015 年天津企业新增专利数量为 31 989 件，在新增专利规模上北京优势明显，从平均数量来看，北京企业平均新增专利数为 0. 083 9 件，天津为 0. 096 4 件，二者水平接近，天津略高；新产品开发项目数总量为 9 800 项，低于北京及上海两市。在创新环境方面，2015 年天津财政科技支出总额为 120. 82 亿元，占比 3. 74%；其从事科学研究和技术服务业的企业总量为 28 149 家，与上海水平相当，但与北京相比还有较大差距。

从行业发展来看，天津的制造业和科学技术服务业基础良好，创新能力突出。制造业和一般性服务业（批发和零售业、租赁和商业服务业）是天津市目前的产业基础，尤其是制造业各项指标排名较为靠前，但均呈现出下滑趋势；科学研究和技术服务业总体呈上升态势；金融业、租赁和商业服务业、批发和零售业具有一定的实力和发展潜力；企业创新能力方面，天津在制造、研发、转化方面优势明显，但天津的产业转型升级压力仍旧较大；同时，企业对外投资金额下降幅度较大，意味着天津经济发展还处于集聚阶段，尚未达到对外辐射阶段；企业新增专利数量在区域内占比水平略有上升，说明天津在打造现代制造业研发转化基地方面具有较好的基础，且正处在工业化后期阶段，生产性服务业在提升，其正逐步向创新驱动模式转变，产业转型升级成为天津地区发展的主旋律。企业创新能力方面，天津在制造、研发、转化方面优势明显，而北京则应主要发挥创新中心的职能。

4. 河北是提升京津冀企业创新能力的关键，制造业基础扎实

从企业综合发展来看，河北各地级市与京津优势区域相比还有一定差距，但逐年上升态势明显。综合指数排名方面，河北位居中等，在前 10 名中河北占 1 位，即石家庄排第 6 名，居于中间水平的第 16 至 25 名中河北有 7 名，分别是保定市（第 16 名）、唐山市（第 17 名）、邯郸市（第 18 名）、廊坊市（第 21 名）、邢台市（第 22 名）、沧州市（第 23 名）、秦皇岛市（第 25 名），在后 10 名中河北占 1 位，即承德市（倒数第 8 名）。在企业实力方面，河北存续企业数量占比在京津冀地区基本维持在 30%～35%，其中 2015 年占比为 35. 82%；其企业注册资本占比在区域内是呈下降态势的，从 2000 年的 22. 45%下降为 2015 年的 14. 56%。在企业活力方面，河北企业对外投资额在区域内占比从 2000 年的 2. 60%上升到 2015 年的 4. 63%，高于天津；河北现代服务企业占比约为 25%，高于天津的 15%。企业创新力方面，河北的高新技术企业数量最少，但增速最高，从 2008 年的 152 家上升为 2015 年的 1 551 家；河北企业新增专利数量呈增长态势，但地区占比水平有所下降。

从企业创新发展来看，河北省的石家庄相对较好，但整体与京津地区差距较大，是未来京津冀提升企业整体创新能力、实现创新驱动发展的突破口和关键地区。创新能力指数排名方面，河北省的各地级市在京津冀范围内得分最高的为 33. 893 2，最低的为 14. 841 4，在三大城市群范围内其整体得分为 20. 693 9，均排名最末，与其他地区得分差距悬殊。在创新投入方面，河

北的企业在人员及经费投入方面与其他地区比缺口较大，其中石家庄、保定相对较好，2015 年河北 R&D 人员折合全时当量为 79 452 人·年，全省 11 个地级市平均为 7 223 人·年，不足天津全市的十分之一；R&D 经费总量为 285.81 亿元，全省 11 个地级市平均为 25.98 亿元，约是北京市的十分之一。在创新产出方面，2015 年河北企业新增专利总量为 19 516 件，约是北京的五分之一，天津的五分之三，其中石家庄数量最多，达到 4 920 件，张家口和承德两地新增专利数量最少，不足 1 000 件，分别为 548 件和 304 件；河北省企业新产品开发项目无论从总量还是平均量来看，均与其他地区差异显著，分别为 7 489 项、2.11 项，从地级市平均来看仅为 0.19 项。在创新环境投资额方面，河北省财政科技支出总量为 45.40 亿元，占比水平为 0.81%，远不及京津两地，其中石家庄、唐山财政科技支出分别为 9.05 亿元和 6.42 亿元，占比水平 1.33%和 1.08%，其余 9 个地级市科技支出占比均不足 1%；河北省科学研究和技术服务企业数为 19 371 家，11 个地级市平均为 1 761 家，排在末位。

从行业发展来看，制造业是河北省的优势行业，其创新能力相对突出，综合实力较强。不论是在实力、活力，还是创新能力都较为突出；近年来批发和零售业与农林牧渔业存续企业数量占比较高，尤其是批发和零售业占比较高，而农林牧渔业占比上升较快，农林牧渔业占比上升，农业正逐步走向规模化和现代化经营发展；河北科学研究和技术服务业处于弱势，水平不高，离创新驱动发展要求还有较大距离。河北行业优势集中于劳动密集型和资源密集型产业，整体科学研究和技术服务业创新水平不足，处于工业化中后期，具有打造商贸物流基地的基础，具备科技成果落地的条件。

5. 京津冀不同区域的企业创新能力优势禀赋有所不同

综合京津冀地区企业创新发展现状及水平，不同区域创新优势集中点不同，大致呈现以下情况：一是首都功能核心区（西城区、东城区）科学研究和技术服务业在高新技术企业中占比最高，电力、热力、燃气及水生产和供应业在新增专利数量中占比最大，批发和零售业、租赁和商业服务业、科学研究和技术服务业在地区存续企业中排名靠前。二是首都城市功能拓展区（海淀区、朝阳区和丰台区）也是科学研究和技术服务业在高新技术企业中占比最高，但也有所区别：海淀区科学研究和技术服务业在高新技术企业数量、新增专利数量、存续企业数量三方面中均占绝对优势；朝阳区制造业的新增专利数量占比最大；丰台区批发和零售业在地区存续企业中具有绝对优势，制造业的新增专利数量占比具有明显优势。三是城市发展新区（亦庄开发区、昌平区、滨海新区）科学研究和技术服务业在高新技术企业中占比最高，但亦庄开发区和滨海新区制造业存在优势，而昌平区的批发和零售业具有优势。四是省会核心城市（河北省石家庄）的批发和零售业、制造业、租赁和商业服务业在高新技术企业方面占比较高但波动明显，制造业、科学研究和技术服务业在新增专利数量方面占比水平靠前，批发和零售业在存续企业数量方面占比最高。

综上所述，在企业创新方面，科学研究和技术服务业优势显著，北京市是科技创新策源地。首都功能核心区市政设施企业创新优势明显，具体表现为电力、热力、燃气及水生产和供应业在新增专利数量中占比最大；在城市功能拓展区中，海淀区是北京市打造科技创新的重要依托，朝阳区的制造业科技创新能力较强，丰台批发和零售业疏解任务仍然艰巨；在城市发展新区中，亦庄开发区制造业创新优势明显，而昌平区的批发和零售业具有优势。天津的优势在于研发转化，而河北优势在于科技孵化和落地。

（二）京津冀创新扩散成效评价方面的基本结论

本书以京津冀与长三角城市群在创新扩散的空间关联度为切入点，分析了创新投入和创新产出各环节的空间联系强度以及空间差异程度，运用空间回归模型测度了两城市群内创新扩散机制的作用成效，对比分析了不同创新投入要素对区域整体创新产出的影响程度，找出了制约区域内创新成果扩散的部分因素，同时甄别出了构建区域创新扩散机制的关键环节。又从创新成果扩散的具体渠道和空间载体入手，探究了两城市群内产业链和创新链融合以及部分重点城市打造区域创新扩散枢纽的基础条件。研究得出以下结论。

1. 京津冀与长三角的创新扩散环境与扩散方式各异

（1）京津冀与长三角两城市群的创新投入环境存在空间差异。在创新研发投入环节中，两城市群的 R&D 人员研发当量、新产品开发经费支出和研发机构数均存在空间差异，京津冀 R&D 人员研发当量的空间差异程度低于长三角地区，但在新产品开发经费支出和研发机构数方面的空间差异高于长三角地区。在吸收转化投入环节中，京津冀在技术改造经费支出、购买国内技术经费支出这两方面的空间关联度高于长三角，而在消化吸收和引进技术经费支出这两方面的空间关联度差距不显著。

（2）京津冀与长三角两城市群的扩散方式各有偏重但各具优势。两城市群的创新投入要素各有偏重，京津冀较为偏重资本导向，长三角则人员导向特征显著。京津冀各地间从创新研发投入到吸收、转化投入的各类经费投入（资本）对区域整体的创新产出促进效果显著，但人员研发当量（人员）投入的作用效果与长三角差距较大。这种差异可能与区域间公共服务供给的均衡度有关。原因在于公共服务品质决定了地方品质，地方品质决定了人才区位，人才区位决定了发展区位，人才对公共服务品质的要求较高。京津冀内部公共服务差距过于悬殊不利于人才的自由流动，也不利于创新成果的扩散。

（3）京津冀创新成果转化为经济效益的能力弱于长三角。有效发明专利能否高效转化为经济收益对于该区域的后续研发动力至关重要，而一个地区新产品销售收入可作为衡量这种创新成果转化为经济效益能力的重要指标。从创新产出的空间联系度来看，京津冀和长三角的有效发明专利均存在空间正相关，京津冀区域内有效发明专利的空间联系度强于长三角，而京津冀内部的新产品销售收入的空间差异程度较大。京津冀的新产品销售收入表现为空间负相关，且显著性水平较高，与之相比，长三角新产品销售收入存在空间正相关，这反映了京津冀的创新成果转化为经济效益的能力弱于长三角。

2. 京津冀与长三角创新扩散机制中的各环节作用成效存在显著差异

（1）京津冀的研发经费投入和研发机构设置对创新产出的促进效果显著。京津冀的 R&D 内部经费支出和研发机构数最终对创新产出的促进作用强于长三角。其中，京津冀研发机构数对区域整体创新产出的促进作用最为明显。这表明，当前京津冀研发机构的空间布局有利于区域间的创新联动，进而能提升区域整体的创新产出水平，这是后期建设和完善区域创新扩散机制的一个关键着力点。

（2）京津冀的人员研发当量投入和新产品开发投入相对不足。京津冀的 R&D 人员研发当量和新产品开发经费支出对创新产出的促进作用弱于长三角。其中，R&D 人员研发当量投入不足间接反映了京津冀区域内研发人员的空间分布不均衡现状，创新腹地与创新策源地（北京）间的人才储备差距较大。京津冀创新腹地吸纳创新型人才的劳动力池相对较小，使得北京的创新型人才向这些腹地流动扩散的空间相对有限。根据缪尔达尔的循环因果论，这将进一步强化地区间的人才差距。

（3）京津冀的创新成果推广中介空间布局较为合理。京津冀的科技中介和技术推广企业的新增资本对创新产出的促进作用弱于长三角，但科技中介和技术推广企业的数量对创新产出的促进作用显著高于长三角。京津冀的科技中介和技术推广企业在创新成果扩散过程中起到了助推作用，目前，在众多的创新成果扩散机制构建方案中，创新腹地布局科技中介和技术推广企业的难度相对较小且周期较短，可行性相对较高。因此依托现有基础进一步优化和完善局部地区的科技中介空间布局将成为京津冀建设高效的区域创新成果扩散机制的一个重要途径。

3. 创新扩散能够有效推动城市群内产业升级

（1）高效的创新扩散机制能够有效地促进科技进步和产业升级。区域经济发展是一个伴随着主导产业不断更替的过程，主导产业更替的关键诱因是科技创新，现实中创新的发生具有偶然性，如何使创新惠及整个区域发展需要依赖高效的创新扩散机制，通过创新扩散机制推动产业转型升级。

（2）京津冀产业链与创新链互动融合需依托其高技术产业的发展。创新成果沿着产业链扩散可降低扩散难度和节约扩散成本。各地间高技术产业相似度越高，创新腹地对创新成果的承接环境越能与策源地匹配，这些相似度较高的高技术产业将成为区域创新成果耦合对接的关键途径。京津冀创新链与产业链的深度融合将为区域内创新网络的构建打下坚实基础。

（3）京津冀高技术产业研发吸收、转化投入环节发展相对不足。京津冀高技术产业中消化吸收技术投入的相似度较高，但技术改造投入和引进技术投入的相似度较低；京津两地的高技术产业吸收、转化投入环节相似度较高，而河北与京津两地的高技术产业吸收、转化投入环节相似度较低，这说明河北与京津两地的高技术产业耦合度相对不足。总的来说，京津冀在高技术产业中的吸收、转化投入环节相似度整体较低，在一定程度上制约了创新成果的扩散。

（三）基于三度测度的协同成效评价方面的基本结论

1. 北京具有核心辐射带动作用，但仍有上升空间

北京在京津冀地区的核心地位毋庸置疑，其不光承担着在区域联系中的核心枢纽职责，也在区域合作中扮演着“领头羊”角色。以资金流为例，2014—2016 年，北京对津冀的投资额是天津对京冀投资额的 9. 3 倍，是河北对京津投资额的 7. 1 倍；以带动区域合作为例，2012—2016 年 10 月，京津两

地合作及京冀两地合作联合申请专利数量、联合专利授权数量占比均在 9 成以上。北京对京津冀地区的辐射带动仍有上升空间，尤其在带动张家口、承德等地方面空间巨大。以交通联系为例，北京至张家口的列车在 4 次/日左右、北京至承德的列车在 13 次/日左右，远低于北京与其他城市间的列车数量；以资金联系为例，2014—2016 年北京对承德、张家口两地的投资额分别为 79. 3 亿元和 141. 9 亿元，对两市投资之和占北京对河北投资的 13%，低于北京对石家庄、唐山、保定、廊坊等单一城市投资额的占比。

2. 石家庄、唐山等地有望成为京津冀地区加强联系的重要节点

石家庄、唐山与京津两地的联系均较为紧密，且具备良好的基础实力，拥有成为京津冀地区重要枢纽的潜力。从联系度来看，石家庄、唐山两个城市具有明显优势，以交通联系为例，石家庄与北京之间的列车总量位居第二名，每日互通列车近 300 次，唐山与天津之间的列车总量位居第四名（仅次于保定与石家庄之间的列车总量），每日互通列车近 200 余次；以资金联系为例，石家庄和唐山是京津投资的热点地区，2014—2016 年，北京和天津对唐山、石家庄的投资额分别为 1 221. 9 亿元和 45. 8 亿元，唐山和石家庄两地占据了近 5 成北京对河北的投资，所占据的天津对河北的投资超 3 成。从基础实力来看，以地区生产总值为例，2016 年唐山和石家庄的地区生产总值分别为 3 323. 8 亿元和 3 214. 8 亿元，位列河北省前两名，占河北省地区生产总值比重的近 5 成（唐山占比 25. 0%，石家庄占比 24. 2%）。

3. 京津冀三地创新方面差距显著，北京创新基础实力雄厚而河北相对不足

虽然近年来京津冀三地创新方面的差距呈缩小趋势，但三地差距仍较为显著。北京的功能定位是打造科技创新中心，其汇集的大量优质创新要素为科技创新奠定了坚实基础，而津冀两地创新要素相对匮乏，以科研机构数为例，北京是全国拥有科研机构最多的城市，2016 年北京共有科研机构 396 个，占全国科研机构数的 11. 0%；而天津、河北分别拥有科研机构 61 个和 81 个，科研机构数量之和不足北京的一半。在创新能力方面三地实力也存在较大差距：从创新投入来看，2016 年北京市 R&D 人员全时当量为 253 337 人 · 年，是天津（119 384 人 · 年）的 2. 12 倍，河北（111 384 人 · 年）的 2. 27 倍，北京 R&D 经费投入强度为 5. 96%，是天津（3. 00%）的倍 1. 99 倍，河北（1. 20%）的 4. 97 倍；从创新产出来看，2016 年北京专利申请受理数为 18. 91

万件，是天津（10.65万件）的1.78倍，河北（5.48万件）的3.45倍，北京专利申请授权数为10.06万件，是天津（3.97万件）的2.53倍，河北（3.18万件）的3.16倍。

第五章

京津冀创新发展对策建议

一、加大非首都功能疏解力度，促进区域内企业协同发展

京津冀协同发展的关键和重中之重，应通过将中心城区的非首都功能尤其是企业向外疏解，强化提升首都核心功能的同时，实现企业空间布局优化，缩小京津冀区域内企业的发展落差，从而推动京津冀企业的协同发展。河北2013年、2014年企业数量增幅惊人，这在一定程度上说明了企业已经先于其他非首都功能开始疏解。

（一）强化疏解政策，加大非首都功能疏解力度

北京中心城区企业综合发展水平最高，这也是将非首都功能向外疏解的重点区域，也意味着非首都功能疏解将是一个长期而艰巨政治任务，需要有强有力的政策措施来保障，如可出台“首都功能核心区内的企业额外加征20%企业所得税”“首都功能核心区内企业就业人员积分落户申请减5分”等政策，用强有力的政策促进核心区企业向外疏解。

（二）优化企业在区域内的空间布局

京津冀三地企业发展水平内部落差巨大，北京企业实力远高于天津和河北，河北企业发展不足是京津冀协同发展的最大短板之一。在非首都功能疏解的空间布局上：北京市内的承接重点应放在城市发展新区，以促进“产城融合”；天津重点在于通过承接非首都功能，缓解滨海新区“一枝独大”现象，促进天津企业的相对均衡发展；河北由于面积大、人口多，在承接非首都功能疏解上应选择优势地区和优势园区进行承接，可重点依托的区域为石家庄、唐山、保定、廊坊和邯郸进行承接，注重在打造产业轴的同时打造城镇轴和人口聚集轴，京津冀协同发展的关键在于“垫高”河北的企业发展水平，形成区域内合理的梯度差。

（三）强调优势互补，推动区域功能定位的相互衔接

《京津冀协同发展规划纲要》指出，京津冀要建设成为以首都为核心的世界级城市群、创新驱动发展的引领区、体制机制改革的先行区、生态修复和环境改善的示范区。北京应强化其在区域中的核心地位和创新引领的作用，天津应强调体制机制创新，而河北重点在于生态修复和环境改善。因此，在企业发展上，北京已成为资本净输出地，未来重点在于构建高精尖经济体系，海淀、朝阳和西城是北京打造科技创新中心的重要依托和重中之重；天津是区域的开放门户，在外资企业占比、新增内外资金额和新增专利数量上都具

有优势，重点应在体制机制创新上下功夫，通过自主创新示范区建设形成开放式创新新格局，滨海新区、西青区和武清区则是天津打造先进制造业研发基地的重要载体；河北在新增商标注册数上具有比较优势，未来应加大科技研发力度，对接京津科技成果，努力成为京津科技成果转化基地，延伸京津产业链，实现区域共同发展。

二、推动京津冀高水平、高质量、高层次充分均衡发展

（一）推动京津冀地区充分均衡发展

十九大报告提出实施区域协调发展战略，重点解决不平衡、不充分发展的问题，这对京津冀协同发展提出了新要求，也为京津冀协同发展带来了新机遇。

1. 以“北京南部地区振兴”为抓手促进区域充分均衡发展

“北京南部地区振兴”在实现北京充分发展和促进“一核”与“两翼”良性互动方面具有重要意义。在实现北京充分发展方面，相对于首都功能核心区，南部地区尚有发展空间，应抓住京津冀协同发展战略机遇实现南部地区的快速崛起，实现北京的充分发展；应将其打造成为新时代背景下北京市经济新增长点、推动形成新动能、打造产业新高地的集中承载地，如可借势中关村科技创新政策，实现科技创新成果在南部地区的落地转化，用高新技术产业替代传统产业，结合现有的产业优势将其打造成为世界级产业集群。在促进“一核”与“两翼”良性互动方面，北京南部地区在构建京津冀协同发展骨架方面具有重要作用，应借助其地理位置优势（与河北相连，特别是与雄安新区距离较短），塑造“一核”与“两翼”协调发展的核心枢纽地区，如积极服务雄安新区建设，北京南部地区应通过打造完善的基础设施实现与雄安新区的高效对接，使其成为北京市服务和支持雄安建设的“桥头堡”。

2. 以高起点、高标准谋划河北非首都功能承载地

京津冀要打造世界级城市群的战略关键在于“垫高”河北。应坚持运用最新理念和超前技术以“高”为支撑、以“新”为理念谋划河北非首都功能集中承载地，打造高水平的产业集聚区，提升河北的实力和竞争力，实现京津冀充分均衡发展。“高”表现为通过吸引国内外高端要素、运用高效组织模式，以高新技术培育高精尖产业，聚集高端人才；“新”强调符合世界科技发展新趋势、符合京津冀区域发展新理念，将集中承载地打造成为生产、生活、

生态相协调的典范区。

（二）推动京津冀高质量协同发展

由高速增长阶段转向高质量发展阶段，是我国经济在近40年的高速增长之后，需要化解长期积累的结构性矛盾以及突破资源环境的硬约束条件，实现更健康更持续发展的必然要求。京津冀作为我国三大城市群之一，已进入向更高层次、更高水平、更高质量发展的阶段，面临着结构调整、功能提升等问题，因此推动京津冀高质量协同发展是新时代背景下的当务之急，本书认为，应从以下几个方面推进。

1. 北京应提升首都功能，建设好“四个中心”，实现高质量发展

北京高质量发展应紧紧围绕首都功能定位，立足全局，有序疏解非首都功能、优化提升首都功能，建设好政治中心、文化中心、国际交往中心、科技创新中心。在政治中心建设方面，严格规划、高度管控、治理安全隐患，以更大范围的空间布局支撑国家政务活动；在文化中心建设方面，充分利用北京文脉底蕴深厚和文化资源集聚的优势，发展文化创意产业、旅游业等优势文化产业；在国际交往中心建设方面，持续优化国际交往服务的软硬件环境，不断拓展对外开放的广度和深度，积极培育国际合作竞争新优势；在科技创新中心建设方面，充分发挥丰富的科技资源优势，不断提高自主创新能力，以“三城一区”建设为主阵地推进更具活力的世界级创新型城市建设。

2. 河北应推进生产过剩领域“去产能”，高质量承接非首都功能

在人口红利逐步消失、生态环境日益恶化的背景下，实现我国经济从要素驱动向创新驱动、由量的扩张向质的提升转变已成为必然，如何实现从“有没有”向“好不好”、从“富不富”向“强不强”的跃升，关键在于实施高质量发展战略，推动经济社会的质量变革、效率变革和动力变革。当前，河北面临着钢铁、水泥、建材等领域产能过剩的问题，“去产能”是其实现高质量发展的重要方面。从河北自身存量调整来看，应采用高新技术改造传统产业，全面提升全要素生产率，实现从产业链低端环节向高端环节的延伸，通过减量集约发展达到提质、增效的效果。从河北发展外部环境来看，应充分运用京津冀协同发展这一国家重大战略，主动作为，为北京、天津等超大城市“分忧”，争取京津的科技成果在河北落地转化，谋划好产业集中承接地建设。

（三）推进京津冀公共服务均等化

区域发展需要人才支撑，而优质公共服务资源是吸引和集聚人才的关键，

吸引优质人才除营造好宜业、宜居环境外，同时应重点解决好优质人才家中的老人看病问题和孩子上学问题，即“一老一小”问题，因此京津冀协同发展应采取公共服务先行策略。当前，北京集聚了大量的优质公共服务资源，在一定程度上制约了非首都功能疏解，也给京津冀地区人才自由流动带来了巨大阻力。推进优质公共资源疏解具有“一石二鸟”的作用：一是优质公共服务资源的疏解是实现北京市“去中心化”和“去功能化”的重要举措，缓解北京在区域内的“单中心”集聚效应，破解北京“看病中心”“上学中心”等“魔咒”，解决北京“大城市病”；二是优质公共服务资源疏解有助于提高河北的公共服务水平，吸引并集聚高端人才，真正实现高端人才“聚得拢”“立得稳”“留得下”，并为其他功能疏解和产业疏解提供基础和可能。

三、完善京津冀创新扩散机制，促进创新在区域内扩散

（一）围绕高技术产业布局创新链，实现创新链与产业链深度融合

结合京津冀协同发展的新任务和北京打造高精尖经济体系，分阶段在区域内找出几大重点产业，如节能环保、新能源新材料等合作产业，形成三地间上中下游联动的产业分工和技术创新格局，鼓励合作建设主题型经济合作区和产业园区；依托基础较好且相似度较高的产业环节进行耦合对接，借助创新链和产业链的深度融合来进行结构调整与产业升级，不断挖掘新的潜力，释放内在潜能；进一步将高技术产业环节细分，围绕自身研发优势进行重点环节建设；充分发挥京津在高技术产业方面的高相似度优势，推进航空发动机与燃气轮机、高端医疗影像设备、高端芯片等重要的战略项目和基础工程落地。

（二）依靠制度创新推动创新要素自由流动，实现区域内各主体间的利益融合

加强政策配套提升三地创新要素流动性，改变以往京津冀创新投入过程中资本导向的单一局面，依靠资本、人才“双引擎”驱动创新成果扩散。创新扩散的政策配套就是要解决如何将多方的创新主体有效链接起来，以形成利益共同体。一方面从企业的角度考虑，建议北京和河北间建立合理的财税分享体制，鼓励北京更多的集团型企业到河北增设分部，以“连锁化”的运营理念，“以点带面”带动区域发展；再如，可在京津冀重点地区建立“人才自由港”，实施符合人才竞争趋势的特别政策、特色机制、特殊环境平台，增

强对高端人才的吸引力；另一方面从高校和科研机构的角度考虑，可依托区域内丰富的高校、科研机构和高技术企业优势，运用“互联网+”、大数据与云计算技术，完善区域协同创新的市场机制（如创新资源共享机制、创新人才交流机制、创新成果转化机制等），以实现三地创新要素自由流动、创新主体布局优化与创新成果高效对接。

建立三地在各领域协同发展的联席会议制度，通过轮值制度（“轮流坐庄”）让各地间跳出“一亩三分地”的思维定式，从区域整体利益格局出发点，优化创新资源的空间布局；在联席会议机制下设立专门机构负责创新成果“全扩散环节”监测和动态管理，打通创新成果扩散的机制障碍；着力建设京津冀创新成果数据库。一方面把握国内外科技创新成果类型及发展动向，另一方面了解京津冀在协同创新过程中三地所需要的科技成果类型；构建京津冀技术交易联盟。引入国际国内技术交易巨头，搭建技术交易平台，为协同创新提供诸如信息、资金、人才等方面的支持；搭建京津冀知识产权法庭，为知识产权交易纠纷提供解决机制。

（三）结合创新城市建设，提升重点城市的研发转化能力，构建区域创新扩散枢纽

京津冀应加强区域内创新枢纽城市建设，培育具有全球竞争力的创新生态系统。纵观全球范围内的世界级城市群，其内部往往具有诸多创新枢纽城市结成创新网络来支撑区域内创新成果的扩散。比如美国的波士华城市群、欧洲的西北部城市群，这些城市群内部包含了众多全球排名靠前的国际创新城市，如波士顿、纽约、巴黎、慕尼黑、伦敦、哥本哈根、阿姆斯特丹、米兰等。这些创新城市在一个或多个科学和技术领域具备世界一流水平，京津冀应借鉴上述城市群的成功经验，通过打造创新枢纽城市、完善创新网络，建设一批共性技术研发和转化平台，围绕技术转移全链条来构建服务标准，进而推动创新成果在区域内的落地转化。

四、优化北京企业空间布局，打造创新策源地

（一）强化功能分区定位，在企业空间布局上应实现“内外有别”

北京企业综合发展水平最高，在本书研究中所测度的三大都市圈中居首位，但面临的主要问题是空间布局不合理，北京企业实力最强的是中心城区，这也是北京非首都功能疏解的重点区域。当前需要解决的是，首都功能核心

区需实现区内企业的全面疏解（只做减法），城市功能拓展区需实现企业类型优化（既做减法也做加法），城市发展新区应大力发展和承接核心区疏解出来的企业（重点做加法、乘法），生态涵养区应发展和承接生态友好型产业（主要做加法）。

1. 首都功能核心区企业综合实力很强、疏解任务很重

在京津冀企业综合发展排名中西城排第三名、北京东城排第五名，而北京西城、北京东城是首都功能核心区，过多的集聚企业在一定程度阻碍了首都核心功能的正常发挥，因此东城、西城是北京非首都功能疏解的重中之重、疏解任务很重，需有强有力的政策措施，否则很难达到疏解的目标。

2. 城市功能拓展区企业综合实力最强、重点需实现“腾笼换鸟”

在京津冀企业综合发展排名中，地处城市功能拓展区的企业实力最强，北京海淀排名第一、北京朝阳排名第二、北京丰台排名第七、北京石景山排名第十二。城市功能拓展区，一方面是首都核心功能的重要承载地，另一方面也是北京“大城市病”最严重的区域。因此这个区域面临着两个方面的任务：一是应将非首都功能和产业予以疏解，即做减法，如大型批发市场、高耗能高污染的产业、一般性制造业和聚集大量劳动力的低端产业等需疏解；二是应将处于这个区域符合北京功能定位的相关功能和产业需进一步做大做强，如中关村的科技创新中心。因此，在这个区域内重点是做好“减法”的同时做好“加法”，从而实现“腾笼换鸟”，是北京打造科技创新中心和实现“高精尖”经济体系的重要依托。

3. 应解决城市发展新区的“有城无业”

在北京城市发展新区由于企业入住数量不足，就业机会不充分，存在着“有城无业”的现象，导致出现睡城，加剧了交通拥堵。所以在非首都功能疏解的背景下，在北京范围内的承接重点应放在“城市发展新区”，通过企业的入住和产业配套，实现产城融合。

4. 应解决生态涵养区的可持续发展问题

当前，生态涵养区产业和入驻的企业普遍不足，如北京延庆区在京津冀企业综合排序中处于倒数第二，这必然在经济上和财政上很难实现可持续发展。本书的研究认为生态涵养区应抓住这次非首都功能疏解的大好机会，借鉴密云的发展模式，承接生态友好型企业和高新技术企业，从而实现生态保护的同时发展经济。

（二）依托优势产业、优势技术和重大战略价值的前沿领域，打造科技创新中心和创新策源地

北京应以打造全国科技创新中心和世界原始创新策源地为目标导向，从全球、全国、区域和自身产业优势四个层次发力。具体如下：

1. 依托现有优势产业打造参与国际竞争的世界级产业集群

从产业基础层面来看，北京在科学研究和技术服务业、租赁和商业服务业、文化体育和娱乐业等方面具有良好的基础，下一步应该通过完善优势产业的产业链条，形成集群化发展，为京津冀培育参与国际竞争的世界级产业集群提供条件。

2. 超前部署具有重大战略价值的前沿领域，抢占全球研发制高点，打造世界创新策源地

前沿技术领域是未来十年乃至更长时间内可能塑造我国产业核心竞争优势的技术领域，或者说有利于占领全球科技创新制高点的科学领域。通过准确预判全球产业及技术变革走向，立足北京科研优势，集中力量实施对未来新兴产业发展具有重大战略价值的大科学基础研究，重点可以依托如“量子计算与量子通信”、“纳米科学”（纳米光电子器件、碳基纳米器件、纳米药物、纳米生物医学材料等）、“能源科学”（先进核能、智能电网等）、“脑认知与脑医学”、“脑认知与类脑计算”等，力争在这些领域成为具有国际影响力的原始创新策源地。

3. 发挥产业技术优势培育全国战略新兴产业，打造全国科技创新中心

具体可以依托新一代互联网、集成电路、云计算与大数据、生物医药、新能源智能汽车、节能环保等产业技术，通过这些产业技术的培育辐射带动全国相关产业的发展，为北京打造全国科技创新中心奠定技术基础。

4. 发挥科研基础优势，注重研发转化，服务京津冀协同发展

具体可依托数字化制造技术、轨道交通技术、先导优势材料技术、新能源和清洁能源技术、现代农业技术等，通过这些技术打造成为京津冀协同发展的关键技术支撑。如推动智能制造信息化基础理论创新及系统平台、关键部件研发转化，实现区域制造业向先进制造、智能制造转换，提升京津冀制造业的智能化程度。再如推动节水节能高效生态农业技术、生物制造技术（生物肥料、生物农药、生物饲料）、农业智能装备技术等技术的应用与转化，着力构建与京津冀协同发展相适应的现代农业体系，实现一小时农产品供

应圈。

五、推动天津各区间均衡发展，打造先进制造业研发转化基地

（一）避免滨海新区“一枝独大”，加快实现名区间相对“均衡发展”

从企业综合发展能力来看，天津滨海新区“一枝独大”现象严重，天津内部各区企业发展水平严重不均衡。天津应在存续企业数量上下功夫，通过区域均衡发展，实现天津企业总体实力的提升。因此，未来天津在企业发展上应重点做好三个方面的工作。

1. 依托优势区，注重塑造地区名片

天津打造先进制造业研发基地可重点依托滨海新区、武清区和西青区，同时应注重品牌和商标的培育和塑造。

2. 通过承接非首都功能外溢，实现各区县间的均衡发展

未来天津可通过非首都功能的承接，来提升红桥、河北、静海、蓟州、宁河等区的企业综合发展水平，从而解决天津内部企业发展落差过大的问题。

3. 强化滨海新区综合配套带动作用

发挥自身的发展空间优势、资源优势和政策优势，带动周边区发展。

（二）面向国际、借势北京、立足自身，打造全国先进制造业研发转化基地

天津应以打造全国先进制造研发基地、北方国际航运核心区、改革开放先行区为目标，从面向国际、借势北京、立足自身三个方面做文章。

1. 利用天津的港口优势、政策优势和外资集聚度高的优势，打造面向国际的先进制造业研发转化基地

从天津企业所有制结构来看，外资企业在制造业占比最高，加上滨海新区的先行先试优势和自由贸易区的政策优势，吸引国际上先进制造业研发机构向天津转移集聚，争取成为京津冀区域外向度最高、先进制造研发转化机构集聚的先进制造业研发转化区。

2. 借势北京科学研究优势，在天津实现技术转化

依托北京基础研究及应用研究等科学研究优势，争取将北京与区域有关的基础研究在天津实现技术研发和应用转化，将天津打造成为京津冀先进制造业高地。

3. 结合京津冀地区资源禀赋及现有产业优势，打造天津研发转化高地

天津制造业与科学研究和技术服务业在高新技术企业数量占比和新增专

利数量占比方面优势明显，其优势产业主要有批发和零售业、制造业、科学研究和技术服务业、租赁和商业服务业等，这些产业中属于天津独具特色的产业（如大无缝钢管集团等）其研发还需依靠天津自身，所以天津应该在这些产业建立自己的研发平台和应用转化基地。

六、发挥河北现有产业优势，实现企业“提质增效”

（一）实施三大重点战略，实现企业发展的“提质增量”

河北企业发展面临着数量不足、质量不高等问题，应注重企业发展的“提质增量”，京津冀协同发展的关键在于“垫高”河北。河北企业不管是在数量上，还是在发展层次和水平上，相对于京津来说，都显不足。如果说北京市需要“全面减肥”，天津需要“脂肪优化分布”，河北则需要“全方位贴膘”。河北应努力成为京津冀科技成果落地转化的基地，谋求京津产业链在河北的延伸。因此，河北企业发展应实施三大战略。

1. “除旧布新”战略

“除旧布新”战略即运用高科技改造传统产业。从短期看，河北重化工业由于原有的基数较大，重化工业比重高是短时期较难以改变的，未来如何利用高科技对传统产业进行改造，减少其对环境的污染是当前和未来的发展重点。

2. “筑巢引凤”战略

“筑巢引凤”战略即承接非首都功能尽快形成新增长点。重点应该放在通过营造环境、规划企业集聚区上，全面承接北京疏解出的非首都功能和中关村创新科技成果在河北的落地转化，从而提升河北企业的创新力和综合实力。

3. “借势发展”战略

“借势发展”战略即利用区域新的经济增长点给河北产业带来新的发展空间。比如大兴国际机场和京张冬奥会等基础设施的改善带动其高端服务业和功能的发展。

（二）落实国家重大战略、发挥现有产业优势，实现跨越式发展

河北原有产业基础薄弱，在产业发展方面，河北必须在依托传统优势产业的基础上，积极培育区域新的增长点。

1. 落实国家重大战略，高起点、高水平建设雄安新区

雄安新区是非首都功能疏解的集中承载地，是千年大计、国家大事，也

是河北、京津冀乃至全国经济社会未来发展的重要增长极。在承接行政功能方面，雄安新区可以集中承接中央和国家机关在二环以内的非紧密型行政辅助服务功能，包括服务中心、信息中心、行业协会、研究院所、培训机构、学术类社团、报社、出版社、杂志社等；在承接企业总部方面，雄安新区将集中承接部分央企总部；在科技创新方面，雄安新区以建设绿色生态宜居新城区、创新驱动发展引领区、协调发展示范区、开放发展先行区为目标，努力打造贯彻落实新发展理念的创新发展示范区，创新属性是雄安新区的“基因”所在和立足之本，创新需要体制机制革新和良好的创新氛围，北京未来应将部分创新资源转移到雄安新区，与雄安新区灵活的体制机制相融合，通过激发创新活力使雄安新区成为全国创新的新高地。

2. 依托现有优势产业，承接非首都功能，推动产业转型升级

河北当前优势产业为批发和零售业、制造业、农林牧渔业、租赁和商业服务业等，制造业在高新技术企业数量占比和新增专利数量占比优势明显。在创新发展方面，构建分工合理的创新发展格局，河北重点应强化科技创新成果应用和示范推广能力，建设科技成果孵化转化中心、重点产业技术研发基地、科技支撑产业结构调整和转型升级试验区；在服务业发展方面，批发和零售业是河北优势最为明显的产业，河北应依托现有产业基础，通过集中承接北京疏解出来的专业性物流和区域性批发等产业，将其打造成为区域物流中心和区域商贸中心；在制造业发展方面，河北应积极承接首都产业功能转移和京津科技成果转化，改造提升传统制造产业，推动产业转型升级，大力发展先进制造业和战略性新兴产业，建设新型工业化基地和产业转型升级试验区；在农业发展方面，河北应重点发展高产高效生态农业，加快建设环京津蔬菜基地、奶源生产和肉类供应基地，完善冷链物流、配送体系，推进农业生产基地与首都市场产销对接，构建京津 1 小时鲜活农产品物流圈。

参考文献

[1] Alberto Z G C. Total Factor Productivity Growth in Agriculture: A Malmquist Index Analysis of 14 Countries, 1979-2008[C]// Conference Papers. National Autonomous University of Nicaragua, LeÃ³n (Unan-LeÃ³n), Researching Center for Applied Economics (RCAE), 2011: 1-29.

[2] Bosch B, ArenazaUrquijo E M, Rami L, et al. Multiple DTI index analysis in normal aging, amnestic MCI and AD. Relationship with neuropsychological performance. [J]. Neurobiology of aging, 2012, 33(1): 61.

[3] Brown L A. Innovation Diffusion: A New Perspective[J]. New York, Methuem, 1981.

[4] Coelli T J, Rao D S P. Total factor productivity growth in agriculture: a Malmquist index analysis of93 countries, 1980-2000[J]. Agricultural Economics, 2005, 32: 115-134.

[5] Dewangan V, Godse M. Towards a holistic enterprise innovation performance measurement system[J]. Technovation, 2014, 34(9): 536-545. Missikoff M, Canducci M, Maiden N. Enterprise Innovation[M]. 2009.

[6] Dewangan V, Godse M. Godse, M.: Towards a holistic enterprise innovation performance measurement system. Technovation 34(9), 536-545[J]. Technovation, 2014, 34(9): 54-58.

[7] Doelman, Arjen, Gardner, Robert A, Kaper, Tasso J. A stability index analysis of 1-D patterns of the Gray-Scott model[J]. Composites Part A-Applied Science and Manufacturing, 2002, 155(7): 939-948.

[8] Fish M M. Innovation, knowledge creation and system of innovation[J]. Analysis of Regional science, 2001, 35: 199-216.

[9] Florida R, Gates G. Technology and Tolerance: Diversity and High-Tech Growth[J]. Brookings Review, 2002, 20(1): 32-36.

[10] Gehani, Ray R. Individual Creativity and the Influence of Mindful Leaders on Enterprise Innovation [J]. Journal of Technology Management & Innovation, 2011, 6(3):82-92.

[11] Hagerstrand T. Innovation Diffusion As A Spatial Process[M]. Chicago: Universityof Chicago Press, 1967.

[12] Klebe G, Abraham U. Comparative molecular similarity index analysis (CoMSIA) to study hydrogen - bonding properties and to score combinatorial libraries. [J]. Journal of computer-aided molecular design, 1999, 13(1):1-10.

[13] Larrinaga F, Santos I, Lizarralde O, et al. A case study on the use of community platforms for inter-enterprise innovation[C]// International Conference on Concurrent Enterprising. IEEE, 2011:1-8.

[14] Lorentzen P, Landry P, Yasuda J. Undermining Authoritarian Innovation: The Power of China's Industrial Giants[J]. Journal of Politics, 2013, 76(1):182-194.

[15] Newth J. Social Enterprise Innovation in Context: Stakeholder Influence through Contestation[J]. Entrepreneurship Research Journal, 2016, 6(4):369-399.

[16] Ormrod R K. Local Context and Innovation Diffusion in a Well-Connected World[J]. Economic Geography, 1990, 66:109-254.

[17] Pedersen P O. Innovation Diffusion Within and Between National Urban Systems [J]. Geography, 1970, 2:203-254.

[18] Richardson H W. Regional Economics [M]. Urbana: University of Illinois Press, 1979.

[19] Ruo - Shan L I. Auditing Failure and COSO Report—on enterprise innovation and internal control reform[J]. Economy & Audit Study, 2005.

[20] Sharif A, Badii A. Information management and knowledge integration for enterprise innovation[J]. Logistics Information Management, 2003, 16(2):145-155.

[21] Shaw A B. Constraint on Agricultural Innovation Adoption[J]. Economic Geography, 1985, 61:25-45.

[22] Shefer D , Frenkel A. local Milieu and Innovations: Some Empirical Results[J]. The Annals of Regional Science, 1998, 32:185-200.

[23] Strate J, Fritchey G. Index Analysis[J]. 2012.

[24] Smith T E, Song S. A Spatial Mixture Model of Innovation Diffusion

[J]. Geographical Analysis,2004,36(2):199-145.

[25] Surajit Chaudhuri, Vivek Narasayya. AutoAdmin "what - if" index analysis utility[J]. Acm Sigmod Record, 1998, 27(2):367-378.

[26]Tsai B H. Does Litigation over the Infringement of Intellectual Property Rights Hinder Enterprise Innovation? An Empirical Analysis of the Taiwan IC Industry[J]. Issues & Studies, 2010, 46(2):173-203.

[27]安树伟,肖金成. 京津冀协同发展:北京的"困境"与河北的"角色"[J]. 广东社会科学,2015(04):5-11.

[28]薄文广,殷广卫. 京津冀协同发展:进展与展望[J]. 社会科学文摘,2018(02):52-54.

[29]蔡继明,解树江. 公司治理结构的国际比较——兼论我国民营企业的治理结构与企业创新[J]. 南开经济研究,2000(2):22-27.

[30]崔维军. 欧盟创新指数研究进展[J]. 中国科技论坛,2009(11):125-128.

[31]崔维军,陈亚兰. 中国创新型国家建设进程监测与分析——基于全球创新指数的研究[J]. 科技进步与对策,2013,30(20):118-123.

[32]付利娟. 区域科技创新指数研究[J]. 法制与社会,2006(15):183.

[33]高锡荣,罗琳,张红超. 从全球创新指数看制约我国创新能力的关键因素[J]. 科技管理研究,2017,37(1):15-20.

[34]国家统计局社科文司"中国创新指数研究"课题组,贾楠,李胤. 中国创新指数研究[J]. 统计研究,2014,31(11):24-28.

[35]郝生宾,于渤. 企业技术能力与技术管理能力的耦合度模型及其应用研究[J]. 预测,2008,27(6):12-15.

[36]买忆媛,聂鸣. 产业集群对企业创新活动的影响[J]. 研究与发展管理,2003,15(2):6-10.

[37]毛荐其,俞国方. 点—链—群:三层创新网络勾画创新城市[J]. 中国软科学,2006(11):137-140.

[38]韩秋菊. 河北省区域科技创新指数构建与测算研究[D]. 石家庄:河北师范大学,2016.

[39]马名杰,石光. 创新指数国际比较与中国创新体系运行特征[J]. 产业经济评论,2013(10):63-69.

[40]毛其淋,许家云. 中国企业对外直接投资是否促进了企业创新[J].

世界经济,2014(8):98-125.

[41]华俊. 国内创新指数正稳步增长[J]. 全国流通经济,2017(10):100-101.

[42]姜慧,曾群超. 区域中小企业创新指数体系构建研究[J]. 科技管理研究,2014(13):35-41.

[43]李海基. 区域科技创新指数及其算法研究[D]. 广州:华南理工大学,2011.

[44]李华晶,张玉利. 高管团队特征与企业创新关系的实证研究——以科技型中小企业为例[J]. 商业经济与管理,2006(5):9-13.

[45]李婧,何宜丽. 基于空间相关视角的知识溢出对区域创新绩效的影响研究——以省际数据为样本[J]. 研究与发展管理,2017,29(1):42-54.

[46]李婧,谭清美,白俊红. 中国区域创新生产的空间计量分析——基于静态与动态空间面板模型的实证研究[J]. 管理世界,2010(7):43-55.

[47]李芹芹,刘志迎. 中国各省市技术创新指数研究[J]. 科技进步与对策,2012,29(19):47-50.

[48]李芹芹,刘志迎. 国内外创新指数研究进展述评[J]. 科技进步与对策,2013,30(2):157-160.

[49]李青,李文军,郭金龙. 区域创新视角下的产业发展:理论与案例研究[M]. 北京:商务印书馆,2004.

[50]李志刚,汤书昆,梁晓艳,等. 产业集群网络结构与企业创新绩效关系研究[J]. 科学学研究,2007,25(4):777-782.

[51]刘志迎,单洁含,李芹芹,等. 中国区域技术创新指数研究:评价与分析[C]//中国区域经济学会年会暨后发赶超与转型发展高层论坛. 2012.

[52]卢福财. 核心竞争力与企业创新[M]. 北京:经济管理出版社,2002.

[53]陆国庆. 产业创新:超越传统企业创新理论的新范式[J]. 产业经济研究,2002(1):11-14.

[54]罗发友,刘友金. 集群内企业创新行为的进化博弈分析[J]. 中国软科学,2004(9):85-88.

[55]罗积争,吴解生. 产业创新:从企业创新到国家创新之间的桥梁[J]. 经济问题探索,2005(4):111-114.

[56]倪芝青,林晔,沈悦林,等. 城市创新指数指标选择研究——以杭州为例[J]. 科技进步与对策,2011,28(6):123-126.

[57]覃成林,张华,张技辉．中国区域发展不平衡的新趋势及成因——基于人口加权变异系数的测度及其空间和产业二重分解[J]．中国工业经济,2011(10):37-45.

[58]熊彼特．经济发展理论[M]．北京:商务印书馆,1997.

[59]熊潇雅．中国区域创新指数研究[D]．合肥:中国科学技术大学,2013.

[60]沈必扬,池仁勇．企业创新网络:企业技术创新研究的一个新范式[J]．科研管理,2005,26(3):84-91.

[61]苏依依,周长辉．企业创新的集群驱动[J]．管理世界,2008(3):94-104.

[62]孙久文,李坚未．京津冀协同发展的影响因素与未来展望[J]．河北学刊,2015,35(04):137-142.

[63]孙久文,原倩．京津冀协同发展战略的比较和演进重点[J]．经济社会体制比较,2014(05):1-11.

[64]孙久文．京津冀协同发展的目标、任务与实施路径[J]．经济社会体制比较,2016(03):5-9.

[65]武义青,田学斌,张云．京津冀协同发展三年回顾与展望[J]．经济与管理,2017,31(02):1-7.

[66]许庆瑞,谢章澍．企业创新协同及其演化模型研究[J]．科学学研究,2004,22(3):327-332.

[67]阎东彬,丁波,陈雪．基于要素流的京津冀城市群空间布局研究[J]．经济研究参考,2017(08):31-40.

[68]杨洁．企业创新论[M]．北京:经济管理出版社,1999.

[69]叶堂林,毛若冲．在京津冀协同发展中北京如何发挥龙头作用[J]．前线,2017(08):61-63.

[70]元颖．国家创新指数和市场化进程对企业研发投入的影响——基于上市公司数据的实证研究[J]．劳动保障世界,2017(11):61-62.

[71]袁正．关于科技创新的实证研究[J]．印度洋经济体研究,2003,13(2):100-102.

[72]王大洲．企业创新网络的进化与治理:一个文献综述[J]．科研管理,2001,22(5):96-103.

[73]王德禄．自主创新全球化新阶段:全球链接与创新地图[J]．中关村,

2011(10):55-56.

[74]王少鹏. 中国创新型国家建设进程监测与研究——基于全球创新指数的分析[D]. 南京:南京信息工程大学,2016.

[75]王珍珍,黄茂兴. 我国科技创新效率的实证研究——基于 DEA-Malmquist 模型和中国省际面板数据[J]. 技术经济,2013,32(10):55-61.

[76]吴福象,周绍东. 企业创新行为与产业集中度的相关性——基于中国工业企业的实证研究[J]. 财经问题研究,2006(12):29-33.

[77]吴海建,韩嵩,周丽,等. 创新驱动发展评价指标体系设计及实证研究[J]. 中国统计,2015(2):53-54.

[78]赵璐. 中国省市区技术创新指数测度研究[D]. 合肥:合肥工业大学,2011.

[79]赵旭,吴孟. 区域城市化与城市生态环境耦合协调发展评价——基于全国 30 个省区市的比较[J]. 西部论坛,2007,17(6):73-78.

[80]赵弘. 习近平京津冀协同发展思想的内涵和意义[J]. 前线,2018(03):13-17.

[81]张莹,刘会武,郑巧英. 国家高新区"三次创业"主题文章之五基于 ISM 的张江创新指数指标体系研究[J]. 中国高新区,2015(5):134-137.

[82]张伟峰,万威武. 企业创新网络的构建动因与模式研究[J]. 研究与发展管理,2004,16(3):62-68.

[83]张贵,李佳钰. 京津冀协同发展的新形势与新思路[J]. 河北师范大学学报(哲学社会科学版),2017(4):5-12.

[84]张可云,蔡之兵. 京津冀协同发展历程、制约因素及未来方向[J]. 河北学刊,2014(6):101-105.

[85]周霞,李海基. 区域科技创新指数的构建[J]. 科技管理研究,2011,v. 31;No. 244(18):26-28.

[86]朱伟民,万迪昉,王赟. 科技型小企业创新成长模式研究[J]. 中国软科学,2001(3):28-33.

[87]中国科学技术发展战略研究院. 国家创新指数报告[M]. 北京:科学技术文献出版社,2015.

[88]中国社会科学院京津冀协同发展智库京津冀协同发展指数课题组,黄群慧,叶振宇,姚鹏,王宁,崔志新. 基于新发展理念的京津冀协同发展指数研

究[J]. 区域经济评论,2017(03):44-50.

[89]祝尔娟,何晶彦. 京津冀协同发展指数研究[J]. 河北大学学报(哲学社会科学版),2016,41(03):49-59.

附录

附录一　课题组近年来出版的主要专著

序号	专著名称	出版社	出版时间	作者
1	京津冀发展报告(2016):协同发展指数研究	社会科学文献出版社	2016.4	文魁、祝尔娟、叶堂林等
2	京津冀发展报告(2017):协同发展的新形势与新进展	社会科学文献出版社	2017.6	祝合良、叶堂林、张贵祥等
3	京津冀发展报告(2018):协同发展的新机制与新模式	社会科学文献出版社	2017.6	祝合良、叶堂林、张贵祥等
4	首席专家论京津冀协同发展的战略重点	首都经济贸易大学出版社	2015.12	文魁、祝尔娟、叶堂林等
5	京津冀协同发展的基础与路径	首都经济贸易大学出版社	2015.10	叶堂林、文魁、祝尔娟等
6	农业循环经济:模式与途径	吉林出版集团股份有限公司	2016.3	叶堂林
7	小城镇建设:规划与管理	中国时代经济出版社	2015.4	叶堂林
8	首都发展研究报告(2013):发展战略及产业研究	首都经济贸易大学出版社	2015.10	祝尔娟、叶堂林、戚晓旭
9	首都发展研究报告(2014):京津冀协同发展	首都经济贸易大学出版社	2015.10	祝尔娟、戚晓旭、叶堂林
10	提升滨海新区国际化水平研究	社会科学文献出版社	2015.1	祝尔娟、叶堂林等
11	北京建设世界城市与京津冀一体化发展(北京市第十四届哲学社会科学优秀成果奖二等奖)	社会科学文献出版社	2014.8	祝尔娟、叶堂林等

附录二 近年来笔者主持或参与的课题情况

序号	项目(课题/任务)名称	计划名称	起止年月	经费(万元)	笔者作用
1	基于区域治理的京津冀协同发展重大理论与实践问题研究(17ZDA059)	国家社会科学基金重大项目	2017. 11—2020. 12	60	首席专家
2	北京减量发展研究(GDZK-TD0006)	北京市社会科学基金重大项目(首都高端智库理事会课题)	2018. 3—2019. 5	30 万	主持人
3	京津冀发展报告(2019)——打造创新驱动经济增长新引擎(18JDYJA023)	北京市社会科学基金重点项目	2018. 8—2019. 12	15 万	主持人
4	京津冀发展报告(2018)——京津冀协同发展的新机制与新模式(17JDYJA025)	北京市社会科学基金重点项目	2017. 8—2018. 8	15 万	主持人
5	京津冀协同发展体制机制创新研究(17GLAL002)	北京市社会科学基金重点项目	2017. 6—2019. 6	15 万	主持人
6	首都发展研究报告(2017)——京津冀协同发展的新形势与新进展(16JDYJB040)	北京市社会科学基金面上项目	2016. 7—2017. 12	8 万	主持人
7	北京城市功能疏解与首都圈城镇体系研究(13JDCSD003)	北京市社会科学基金特别委托项目	2013. 10—2016. 10	20 万	主持人
8	提升城市精细化管理水平研究(SKLZD005)	北京市委决策咨询重大课题	2017. 8—2018. 8	30 万	主持人
9	国际创新城市研发投入对比研究(Z181100007518006)	北京市科学技术委员会软课题	2018. 5—2019. 5	50 万	主持人
10	京津冀科技创新与产业结构升级耦合机制研究(Z1811000-07418002)	北京市科学技术委员会软课题	2018. 5—2019. 5	50 万	主持人

续表

序号	项目(课题/任务)名称	计划名称	起止年月	经费(万元)	笔者作用
11	基于大数据的京津冀企业创新发展能力分析研究(Z1711000-03217012)	北京市科学技术委员会软课题	2017. 1—2018. 1	20万	主持人
12	京津冀生态涵养区生态补偿机制研究——以张家口为例(2016-SKLJZ002)	北京市社会科学界联合会重大课题	2016. 3—2017. 3	15万	参与第二
13	北京绿色发展指标体系及监测研究(17JDYJA014)	北京市社会科学基金重点项目	2017. 1—2018. 6	15万	参与第二
14	京津冀协同创新监测与评估体系建设及实施(Z171100004-50000)	北京市科学技术委员会软课题	2017. 6—2018. 12	110	参与第二
15	京津冀协同发展5周年报告	北京市统计局课题	2018. 11—2019. 3	5	主持人
16	北京市高质量发展监测指标体系研究	北京市统计局课题	2017. 11—2018. 6	8	主持人
17	张家口市经济运行质量监测指标体系研究	张家口市社科联课题	2017. 9—2018. 6	10	主持人
18	2017年朝阳区经济运行质量分析预警研究课题项目	北京市朝阳区统计局课题	2017. 7—2018. 6	20	主持人
19	京津冀协同发展问题研究	中国社科院京津冀协同发展智库	2016. 11—2017. 3	5	主持人
20	京津冀对内开放研究	中国社科院京津冀协同发展智库	2017. 5—2018. 6	3	主持人
21	积极发展混合所有制经济研究	国家发改委宏观院	2016. 11—2017. 6	6	主持人

附录三　本书部分成果应用转化

1. 内参要报:“从大数据看北京对津冀投资情况及相关建议(上、下)”,刊登在人民日报内参2015年10月22日普刊第1384、第1385期,获时任政治局常委、国务院副总理、京津冀协同发展领导小组组长张高丽重要批示。

人民日报社内参部

内参用稿通知单

《人民日报内参》2015年10月22日普刊1384、1385期《从大数据看北京对津冀投资情况及相关建议(上、下)》,文章获得中共中央政治局常委张高丽同志批示。该文章多处采用首都经济贸易大学叶堂林、祝尔娟同志的重要观点。

特此通知。

人民日报社内参部
2015年12月2日

2. 内参要报:“对京津冀 45 个市区县企业协同发展情况的调查”,刊登在《人民日报内参》2016 年 4 月 30 日普刊第 574 期—第 575 期,获时任政治局常委、国务院副总理、京津冀协同发展领导小组组长张高丽重要批示。

人 民 日 报 社 内 参 部

内参用稿获领导批示通知单

《人民日报内参》2016 年 4 月 30 日普刊第 574 期——第 575 期,《对京津冀 44 个市区县企业协同发展情况的调查》系列文章获张高丽副总理批示。全文多处采纳首都经济贸易大学叶堂林教授、祝尔娟教授、卢燕博士、京津冀大数据研究中心李钰研究员的重要观点及研究成果。

特此通知!

人民日报社内参部

2016 年 9 月 7 日

3. 成果要报:“完善治理机制是实现京津冀生态环境共建共享的关键”,刊登在《北京市社科规划办成果要报》2015 年第 11 期,获时任中央政治局委员、北京市委书记郭金龙重要批示。

北京社科基金项目

成果要报

第 11 期

北京市哲学社会科学规划办公室　　　　2015 年 3 月 17 日

领导批示:

完善治理机制是京津冀生态环境共建的关键

摘要: 纵观发达国家“先污染、后治理”的转变历程,政府在战略推动、规划引领、监测监管、政策调控等方面的引导作用不可替代、功不可没;而市场手段,则是实现生态补偿的基本方式和有效路径。针对京津冀发展实际,本文建议拓宽资金渠道,实行多元化生态补偿;完善资源有偿使用和碳排放权交易等市场机制;同时加强政府规划、服务、监管职能,进一步完善立法,严格执法,推动京津冀生态环境共建共享。

1

北京市哲学社会科学规划办公室

首都经济贸易大学叶堂林副教授、祝尔娟教授在北京社科基金项目《成果要报》2015年第11期中，提出应加强政府规划、服务、监管职能，拓宽资金渠道，完善资源有偿使用、碳排放权交易等市场机制，进一步加强立法、严格执法，推进京津冀生态环境共建。现呈您参阅。

市社科规划办

2015年3月17日

联系人：赵晓伟　市社科规划办宣传处

传真：64858803 电话：13681043481

4. 成果要报:“京津冀与长三角、珠三角企业发展对比研究及政策建议”,刊登在《北京市社科规划办成果要报》2016 年第 24 期,成果获时任北京市市长王安顺圈阅。

北京社科基金项目

成果要报

第 24 期

北京市哲学社会科学规划办公室　　2016 年 10 月 10 日

领导批示:

京津冀与长三角、珠三角企业发展对比研究及政策建议

摘要:企业作为国民经济的基本“细胞”,其健康与否必然关系到整个区域的发展。本文通过全样本企业大数据分析,得出三大都市圈首位城市优势显著,京津企业发展双核效应不显著;企业发展水平综合排名北京第一;京津冀内部发展落差最大,珠三角发展最为均衡,长三角城市等级体系最为合理等基本判断,并提出加大非首都功能疏解力度,河北应重点促进企业发展“提质增量”等政策建议。

1

北京市哲学社会科学规划办公室

安顺市长：

北京社科基金项目《成果要报》第24期中，专家通过全样本企业大数据分析，对京津冀、长三角、珠三角三大都市圈38个城市进行整体测度并排序，得出三大都市圈首位城市优势显著；企业发展水平综合排名北京第一；京津冀内部发展落差最大等研究结论，并提出了应加大非首都功能疏解力度，河北应重点促进企业发展“提质增量”等政策建议。请阅示。

市社科规划办

2016年10月13日

5. 内参要报:"专家认为京津冀生态补偿亟待调整",刊登在人民日报内参2017年2月14日普刊155期,获时任政治局常委、国务院副总理、京津冀协同发展领导小组组长张高丽重要批示。

人民日报社内参部

内参用稿通知单

《人民日报内参》(普刊)2017年2月14日第155期《专家认为京津冀生态补偿亟待调整》全文采用首都经济贸易大学祝尔娟、叶堂林、何皛彦、潘鹏的观点,该文章得到张高丽同志批示。

特此通知!

人民日报社内参部

2017年12月11日

6. 成果要报:“从大数据看北京企业疏解的工作重点”,刊登在《北京市社科规划办成果要报》2016 年 1 月 12 日第 1 期。

北京社科基金项目

成果要报

第 1 期

北京市哲学社会科学规划办公室　　2016 年 1 月 12 日

领导批示:

从大数据看北京企业疏解的工作重点

摘要:非首都功能疏解是京津冀协同发展的核心和关键所在。本文通过大数据挖掘,得出四个基本判断:非首都功能疏解将是一个长期而艰巨的任务;在非首都功能疏解过程中,企业已经走在前面;城市发展新区实现“产城融合”是解决北京“大城市病”的关键所在;海淀、朝阳和西城是北京打造科技创新中心的重要依托和重中之重。在此基础上,提出四个对策:强化疏解政策,加大非首都功能疏解力度;城市拓展区企业需实现“腾笼换鸟”;城市发展新区应解决“有城无业”;生态涵养区应解决可持续发展问题。

1

7. 成果要报："关于北京减量发展的几点思考"，刊登在《北京市社科规划办成果要报》2018 年 5 月 24 日第 11 期。

北京社科基金项目

成果要报

第 11 期

北京市哲学社会科学规划办公室　　　　2018 年 5 月 24 日

领导批示：

关于北京减量发展的几点思考

摘要：减量发展是"舍"与"得"的关系，是北京市未来一段时间的发展主基调。结合中国特色社会主义新时代背景和北京市新版总规的要求，专家建议北京的减量发展应从四个方面入手，一是推动北京 CBD 从 1.0 版本升级为 2.0 版本；二是推动北京市服务业高水平、宽领域对外开放；三是探索中关村"走出去"模式和"飞地"模式；四是通过"腾笼换鸟"全力促进高精尖经济体系的形成。

1

8. 成果要报:“建立城市设施定期更新机制的几点思考”,刊登在《北京市社科规划办成果要报》2018 年 8 月 30 日第 19 期。

北京社科基金项目

成果要报

第 19 期

北京市哲学社会科学规划办公室　　2018 年 8 月 30 日

领导批示:

建立城市设施定期更新机制的几点思考

摘要: 强化城市设施及城市建筑定期更新是实现城市精细化管理的必要举措,也是提高城市“紧凑”“精致”程度的重要途径,更是消除城市安全隐患的必由之路。专家建议:一是建立城市设施更新数据库,实现设施运行动态监测和隐患自动报警;二是通过立法推进城市设施强制更新和有序更新;三是对旧城进行保护性更新,保护城市历史风貌。

1

9. 理论文章："科学构建京津冀生态补偿机制"，发表在 2017 年 1 月 20 日《经济日报》理论版。

经济日报

上一版 下一版 2017年1月20日 星期五 《上一期 下一期》 放大 缩小 默认

科学构建京津冀 生态补偿机制

首都经济贸易大学课题组

京津冀协同发展应是全面的协同、全面的发展，生态环境的协同发展是其中的重要内容。目前，京津冀生态补偿机制尚未形成多元化的补偿主体结构，对生态价值直接提供者激励不足，补偿标准过低且缺乏可持续性，补偿方式单一且市场化补偿不足，需构建更为科学有效的生态补偿机制。

现状

一是尚未形成多元化的生态补偿机制。目前，政府补偿中以中央补偿为主并呈上升态势，缺乏政府间常态化的横向补偿机制，生态服务受益地区与生态资源保护区之间缺乏有效的协商平台和机制，同时企业化的市场补偿机制和非营利性社会组织参与机制也尚属空白。

二是生态补偿模式及机制对生态服务直接提供者激励不足。自上而下的纵向补偿资金落实到生态价值实际提供者的比例过小，直接的激励作用大打折扣；各级补偿客体的权责利不明确；缺乏随着时间变化和资源稀缺程度变化而适时调整的补偿机制。

三是补偿标准过低且缺乏可持续性。依据生态投入和运营成本确定补偿标准的机制尚未建立，目前有多项重点生态项目的补偿标准远低于项目建设的运营成本。以项目为载体的相关补偿又缺乏可持续性，区内不同地区补偿标准差距悬殊，且补偿标准和范围不能随着成本和价格变化适时调整。

四是补偿方式单一、市场化补偿不足。京津冀地区尚缺乏基于生态资源产权交易的市场手段，比如碳排放权交易、排污权交易、水权交易等。即使是政府补偿，方式也过于单一，以项目补偿、纵向补偿为主，缺少地方间横向补偿、政府购买生态服务等多种方式。

对策

生态补偿方面应明确分工

中央政府应重点解决生态涵养区可持续发展的问题，主要包括提升生态涵养区的基础设施和教育医疗等公共服务水平，优化发展环境，提升地方发展能力。地方政府应根据"谁受益谁付费"原则，进行基于项目的横向补偿。建立域内政府间横向财政转移支付制度，由重点开发和优化调整地区（如北京、天津）向限制开发和禁止开发地区（如张家口、承德）进行政府间横向财政转移支付，对生态涵养区因环境保护政策实施所带来的…

10. 理论文章："京津冀产业协同发展的新进展和新动向"，发表在 2016 年 5 月 12 日经济日报理论版。

经济日报

上一版 下一版 2016年5月12日 星期四 《上一期 下一期》 放大 缩小 默认

京津冀产业协同发展的新进展和新动向

首都经济贸易大学京津冀大数据研究中心

近日，首都经济贸易大学京津冀大数据研究中心采用京津冀全样本企业大数据，重点对2014—2015年京津冀三地企业相互投资进行数据分析，发现京津冀产业协同发展已出现一些值得关注的新进展和新动向。

京津冀产业分工格局初步形成

北京在营企业资本占三地的64%

从企业整体来看，截至2015年12月，京津冀地区在营企业222.26万家（不含分支机构），京津冀三地企业资本合计28.87万亿元。其中，北京拥有在营企业110.79万家，占比49.85%；资本合计18.52万亿元，占比为64.15%。天津拥有企业数量32.04万家，占比为14.41%；资本合计5万亿元，占比为17.32%。河北拥有企业79.44万家，占比为35.74%；资本合计5.35万亿元，占比为18.54%。

三地企业资本行业分布各有侧重

从行业分布看，截至2015年12月，北京注册资本总额位居首位的是租赁和商务服务业，占北京企业注册资本的31.38%，科学研究和技术服务业企业数量最多，占北京企业数量的28.33%；天津注册资本总额最多是金融业（25.97%），企业数量最多的是批发和零售业占28.58%；河北制造业企业注册资本最高占25.77%，批发和零售业企业数量最多占30.95%。

三地重点产业分工格局初步形成

京津冀三地企业对产业投资重点集中，产业吸纳投资流向明显。2015年京津冀企业…投资额累计达11724.6亿元。根据对京津冀三地2015年相互投资的规模（包含本地对本地投资）、结构与空间分析，三地企业的投资流向与三地各自的功能定位、产业发展方向、空间布局导向整体保持一致，产业投资流向变化基本符合《京津冀协同发展规划纲要》中对三地产业发展的规划要求。

北京在租赁和商务服务业、科学研究和技术服务产业领域吸纳投资能力较强，占比超四分之三。2015年，租赁和商务服务业吸纳投资额2192.05亿元，占对北京重点产业投资额38.90%；科学研究和技术服务吸纳投资2037.21亿元，占对北京重点产业投资额36.15%。

11. 理论文章："生产、生活、生态空间的统筹重点"，发表在 2017 年 7 月 31 日《北京日报》理论版。

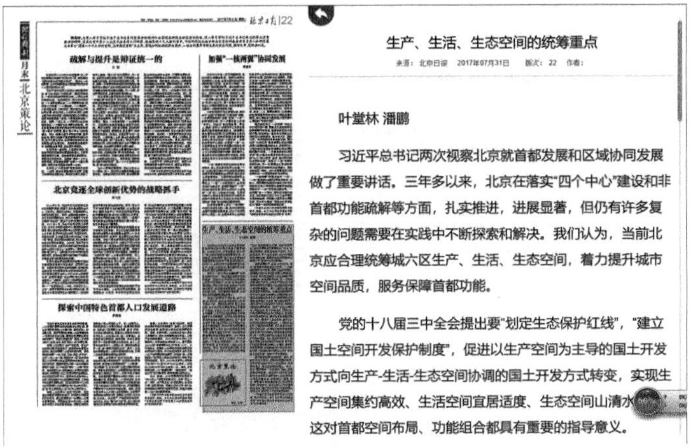

疏解与提升是辩证统一的

北京竞逐全球创新优势的战略抓手

探索中国特色首都人口发展道路

生产、生活、生态空间的统筹重点

来源：北京日报　2017年07月31日　版次：22　作者：

叶堂林 潘鹏

习近平总书记两次视察北京就首都发展和区域协同发展做了重要讲话。三年多以来，北京在落实"四个中心"建设和非首都功能疏解等方面，扎实推进，进展显著，但仍有许多复杂的问题需要在实践中不断探索和解决。我们认为，当前北京应合理统筹城六区生产、生活、生态空间，着力提升城市空间品质，服务保障首都功能。

党的十八届三中全会提出要"划定生态保护红线"，"建立国土空间开发保护制度"，促进以生产空间为主导的国土开发方式向生产-生活-生态空间协调的国土开发方式转变，实现生产空间集约高效、生活空间宜居适度、生态空间山清水……这对首都空间布局、功能组合都具有重要的指导意义。

12. 期刊论文："北京减量发展的几点思考"，发表在《人民论坛》2018 年第 7 期

财经聚焦
Economic Focus

【北京社科基金项目成果】

北京减量发展的几点思考

叶堂林

【摘要】提升发展质量、实现减量发展已成为新时代我国经济发展的必由之路。面对减量发展的机遇与挑战，北京应以拥抱"白菜帮"、做优"白菜心"为基本思路，着力推动CBD业态升级，拓宽和提升服务业开放领域和水平，探索新模式，促进高精尖经济体系形成。

【关键词】北京　减量发展　提质增效　【中图分类号】F29　【文献标识码】A

13. 期刊论文:“京津冀如何打造全国创新驱动增长的新引擎”,发表在《人民论坛》2017 年第 7 期。

财经聚焦
Economic Focus

【北京社科基金项目成果】

京津冀如何打造全国创新驱动增长的新引擎

叶堂林　潘鹏

【摘要】北京应依托优势产业、优势技术和具有重大战略价值的前沿领域，打造具有全球影响力的创新策源地和参与国际竞争的世界级产业集群；天津应面向国际、借势北京、立足自身，打造全国先进制造业研发转化基地；河北应落实国家重大战略，推动产业转型升级，实现跨越式发展。

【关键词】京津冀　创新驱动　高科技企业　【中图分类号】F29　【文献标识码】A

截至 2016 年 10 月，京津冀在营企业总数 262.4 万家，三地企业注册资本总额 37.33 万亿元，比 2013 年底增加了 11.96 万亿，增幅达 47.1%。在高新技术企业数量方面，北京优势明显，津冀两地增长较快。从行业现状来看，京津冀地区批发和零售业、科学研究和技术服务业、租赁和商业服务业、制造业四个行业存续企业数量最多。从京津冀地区企业综合测评来看，京津冀地区北京企业整体最强，天津不同地区差距悬殊较大，河北多处于中间水平。

京津冀三地企业创新各有优势

京津冀三地企业联合创新形成新动力，北京发挥核心带动作用。首先，三地联合专利申请量和授权量大幅攀升。2014 年以来，三地专利联合申请量和联合授权量均有突飞猛进的增长。2016 年 1-10 月三地联合专利申请量和授权量分别达到 3967 件和 2695 件，相当于 2013 年全年的 2.2 倍和 2.4 倍（见图 1）。其次，京津冀三地专利联合申请及联合授权集中分布在基础设施（电力、热力、燃气及水生产和供应业）、科技服务、采矿和制造四大行业，占专利联合申请总量及联合授权总量的 83.0% 和 83.2%。再次，北京成为三地联合创新的核心驱动力。2014-2016 年 10 月，北京与河北两地企业的专利联合申请量和联合授权量分别为 6718 件、4912 件，分别占同期三地专利联合申请总量和联合授权总量的 50.1% 和 59.4%；北京与天津两地企业的专利联合申请量和联合授权量分别为 5465 件、3152 件，分别占三地专利联合申请总量和联合授权总量的 44.0% 和 38.1%。在京津冀创新中，津冀之间和京津冀三地联合创新项目相对较少。

北京企业创新实力雄厚，科技创新中心建设具有很好的支撑。在京津冀企业创新能力前 10 位中，北京占 8 位，天津（滨海新区）和河北（石家庄市）各占 1 位。2015 年，北京企业新增专利数约占京津冀总量的 65%，新增注册商标数约占 80%，三项专利数约占 67%。北京科技服务业与现代服务业优势显著，高精尖经济体系已具雏形。2015 年北京科技服务业占地区存续企业总量的 28.8%，占地区高新技术企业总量的 72.4%，占地区企业新增专利数量的 38.5%，创新优势明显。海淀和西城是北京打造科技创新中心的核心区。在北京 17 个区县中，海淀区企业创新能力最强，在科技服务业上占据绝对优势，2015 年其高新技术企业数量占北京的 60.0%，新增专利数量占 29.2%；西城区在专利方面优势显著，新增专利数占北京的 26.6%，三项专利数占 20.9%。

天津制造业和科技服务业创新优势明显，研发转化条件成熟。从企业新增专利数量来看，天津在京津冀地区的占比由 2000 年的 17.4% 上升至 2015 年的 22.0%。2015 年天津制造业新增专利数量为 15025 件，占天津企业新增专利总量的 43.1%，其次为科技服务业，占比为 38.9%。从高新技术企

图 1 2012-2016 年 10 月京津冀三地联合申请及授权专利变化情况

82　人民论坛 / 2017.09 下